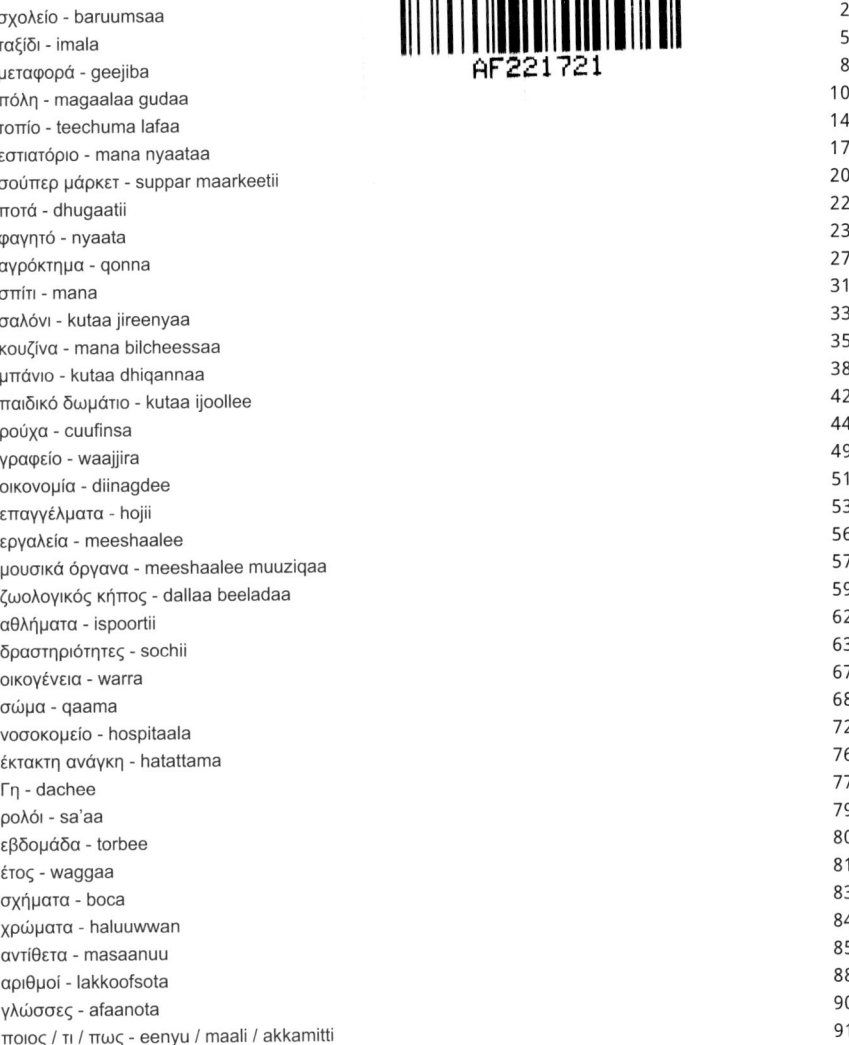

Impressum
Verlag: BABADADA GmbH, Nedderfeld 112 , 22529 Hamburg
Geschäftsführer / Verlagsleitung: Harald Hof
Druck: Books on Demand GmbH, In de Tarpen 42, 22848 Norderstedt

Imprint
Publisher: BABADADA GmbH, Nedderfeld 112 , 22529 Hamburg, Germany
Managing Director / Publishing direction: Harald Hof
Print: Books on Demand GmbH, In de Tarpen 42, 22848 Norderstedt

σχολείο
baruumsaa

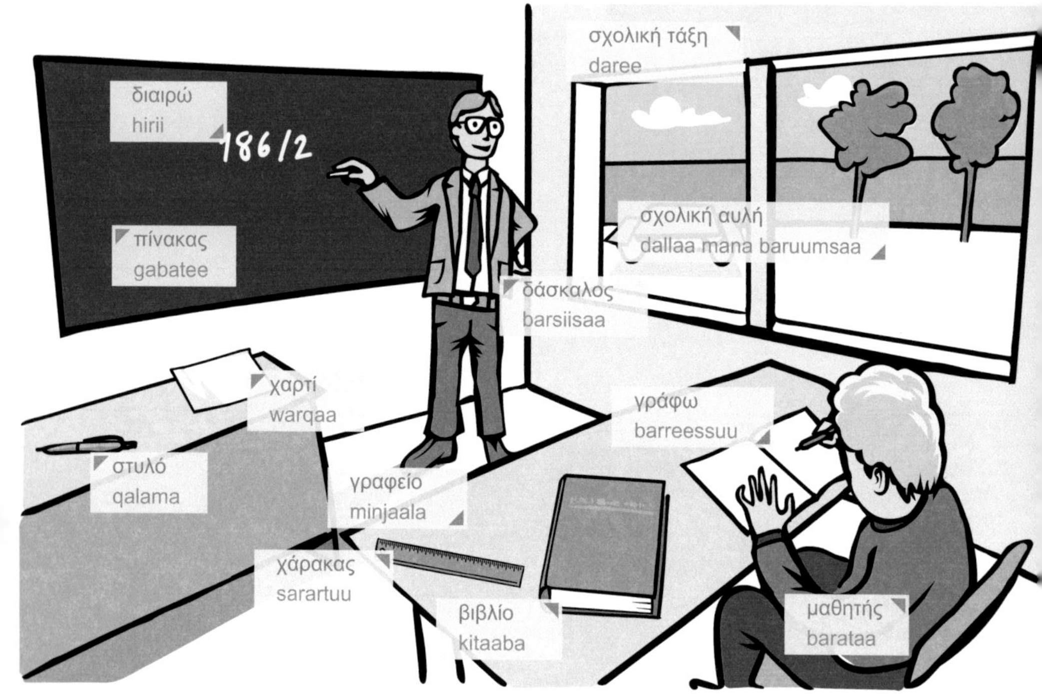

σχολική τάξη
daree
διαιρώ
hirii
186/2
πίνακας
gabatee
σχολική αυλή
dallaa mana baruumsaa
δάσκαλος
barsiisaa
χαρτί
warqaa
γράφω
barreessuu
στυλό
qalama
γραφείο
minjaala
χάρακας
sarartuu
βιβλίο
kitaaba
μαθητής
barataa

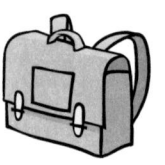

σχολική τσάντα

korojoo baattamu

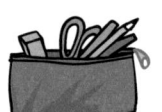

κασετίνα/ μολυβοθήκη

teessoo irsaasii

μολύβι

irsaasii

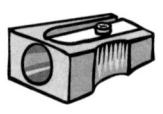

ξύστρα

qartuu irsaasii

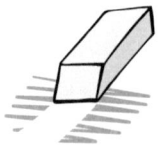

γόμα

haqxuu

μπλοκ ζωγραφικής

paadii fakkii

ζωγραφική
fakkii

πινέλο
burusha halluu

κουτί χρωμάτων
saanduqa halluu

ψαλίδι
maqasa

κόλλα
maxxansituu

τετράδιο ασκήσεων
daftara

εργασία για το σπίτι
hojii manaa

12

αριθμός
lakkoofsa

2+2

προσθέτω
ida'ii

5-2

αφαιρώ
hir;isi

2×2

πολλαπλασιάζω
bay;isi

υπολογίζω
heerregii

A

γράμμα
xalayaa

ABCDEFG
HIJKLMN
OPQRSTU
VWXYZ

αλφάβητο
tarree qubee

hello

λέξη
jecha

κείμενο

kitaaba barataa

διαβάζω

dubbisuu

κιμωλία

biroonkii

μάθημα

baruumsa

εγγράφομαι

galmeessuu

τεστ

qormaata

πιστοποιητικό

raga barreeffamaa

μαθητική στολή

uffata mana baruumsaa

εκπαίδευση

barnoota

εγκυκλοπαίδεια

insaaykiloopeediyaa

πανεπιστήμιο

yuunivarstii

μικροσκόπιο

maaykiroos kooppii

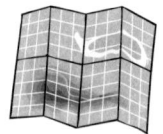

χάρτης

kaartaa

καλάθι αχρήστων

qircaata gatoo

ταξίδι
imala

ξενοδοχείο
hoteela
ξενώνας
hosteela
ROOMS
Grand
ανταλλακτήρια συναλλάγματος
biiroo de cheenjee
βαλίτσα
shaanxaa kafanaa
αυτοκίνητο
konkolaataa

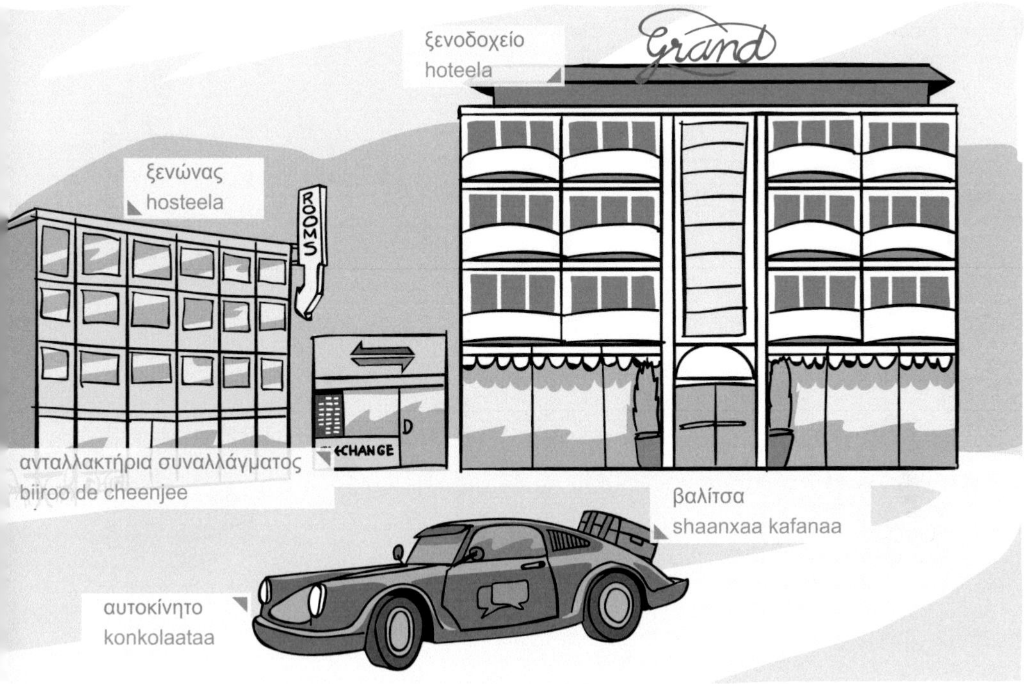

γλώσσα

afaan

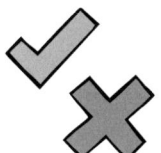

ναι / όχι

eyyeen / mitii

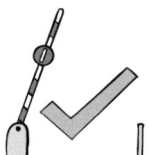

εντάξει

haa ta'u

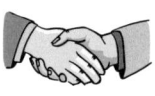

γεια σου

heloo

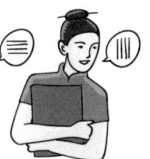

μεταφραστής

turjmaana

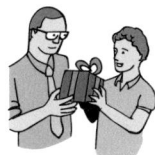

Ευχαριστώ

galatoomaa

πόσο κάνει ;

meeqa

Δε καταλαβαίνω

naaf hingalle

πρόβλημα

rakkoo

Καλησπέρα!

akkam ooltan

Καλημέρα!

akkam bultan?

Καληνύχτα!

halkan gaarii

Αντίο

nagaatti nagaatti

κατεύθυνση

kallattii

αποσκευές

ba'aa imalaa

τσάντα

korojoo

σακίδιο πλάτης

ba'aa dugdaa

καλεσμένος

keessummaas

δωμάτιο

kutaa

υπνόσακος

korojoo hirriibaa

σκηνή

dukkaana

τουριστικές πληροφορίες

odeeffannoo turistii

παραλία

qarqara haroo

πιστωτική κάρτα

kireedit kaardii

πρωινό

ciree

μεσημεριανό

laaqana

δείπνο

irbaata

εισιτήριο

tikkeetii

ανελκυστήρας

liiftii

γραμματόσημο

chaappaa

σύνορα

daangaa

τελωνείο

barmaatilee

πρεσβεία

embaasii

βίζα

viizaa

διαβατήριο

paasspoortii

μεταφορά
geejiba

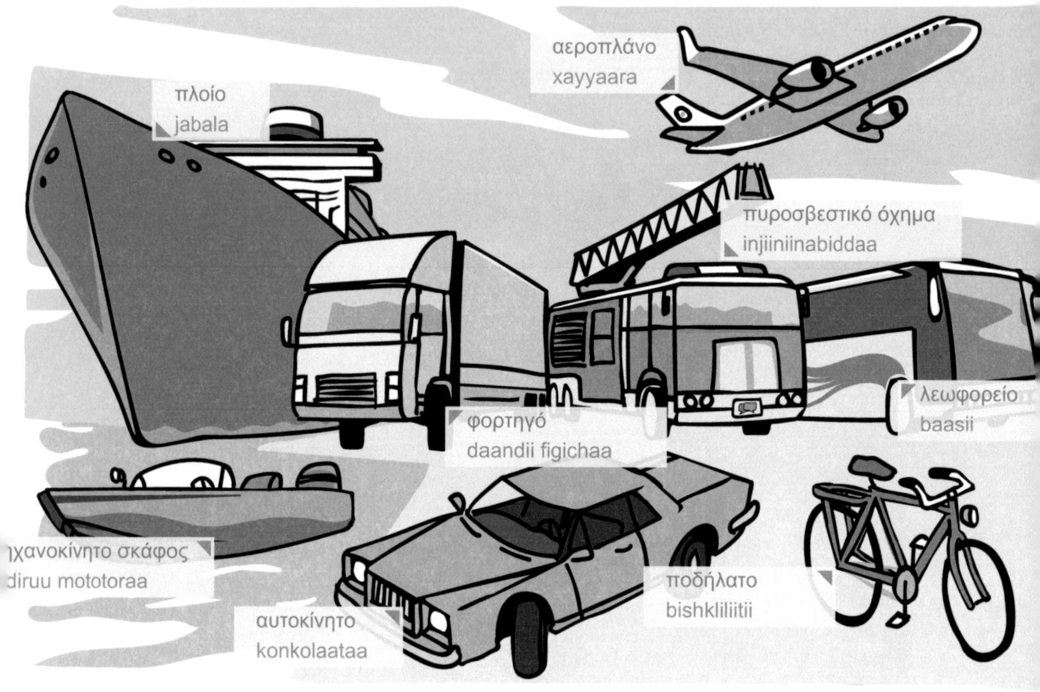

αεροπλάνο
xayyaara
πλοίο
jabala
πυροσβεστικό όχημα
injiiniinabiddaa
λεωφορείο
baasii
φορτηγό
daandii figichaa
ηχανοκίνητο σκάφος
diruu mototoraa
ποδήλατο
bishkliliitii
αυτοκίνητο
konkolaataa

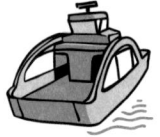

φεριμπότ

bidiruu deeddebii

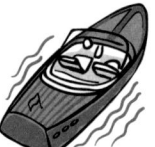

βάρκα

bidiruu

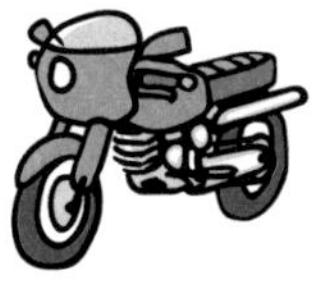

μοτοσικλέτα

doqdoqqee

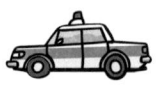

περιπολικό

konkolaataa foolisaa

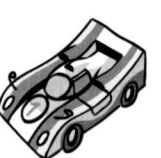

αγωνιστικό αυτοκίνητο

konkolaataa dorgommii

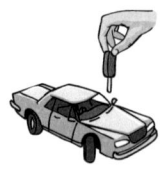

ενοικιαζόμενο αυτοκίνητο

konkolaataa kiraa

διαμοιρασμός αυτοκινήτων

konkolataa waliin gahuu

γερανός

marsaa boqqoonna

απορριμματοφόρο

daandii dhorkaa

κινητήρας

motora

καύσιμο

boba'aa

βενζινάδικο

buufata boba'aa

πινακίδα σήμανσης

mallattoo tiraafikaa

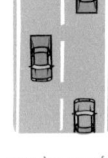

κυκλοφορία

tiraafika

κυκλοφοριακή συμφόρηση

cuccufaa daandii
konkolaataa

χώρος στάθμευσης

dhaabbii konkolaataa

σιδηροδρομικός σταθμός

buufata baburaa

σιδηροδρομικές γραμμές

konkolaataa guddaa

τρένο

baabura

τραμ

baabura eleektirikaa

βαγόνι

gaarii fardaa

ελικόπτερο

helikooftara

αεροδρόμιο

buufata xayyaaraa

πύργος

qooxii

επιβάτης

keessummaa

εμπορευματοκιβώτιο

konteenara

χαρτοκιβώτιο

kaartunii

καρότσι

gaarii

καλάθι

qirccaata

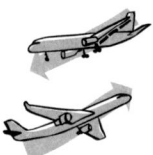

απογειώνομαι /
προσγειόνομαι

barrisuu / qubachuu

πόλη
magaalaa gudaa

χωριό

araddaa

κέντρο της πόλης

handhuura magaalaa

σπίτι

mana

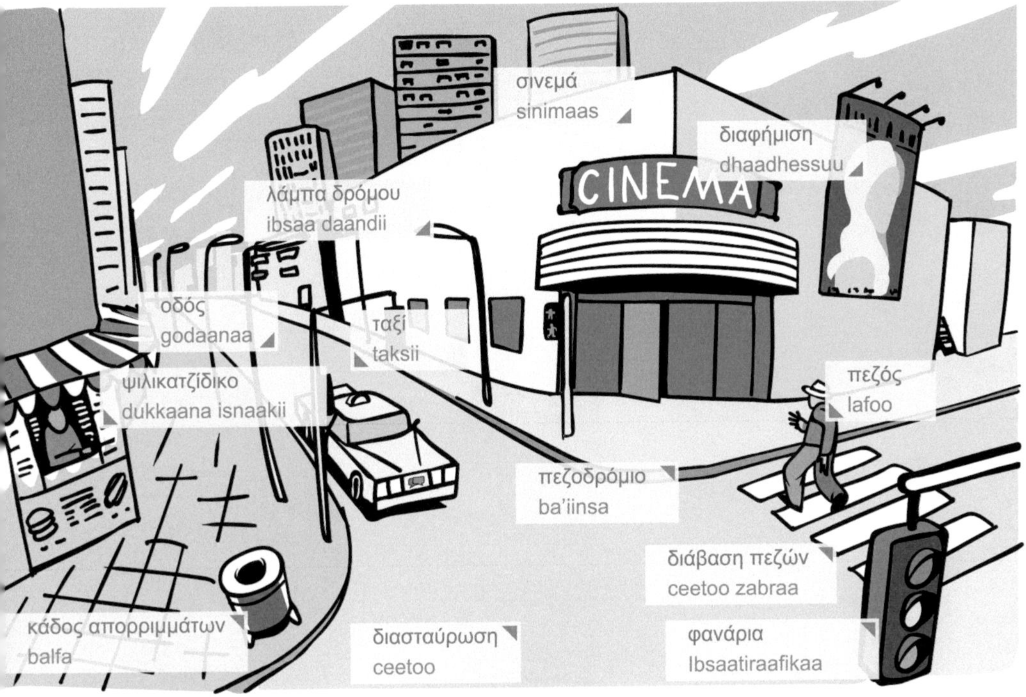

σινεμά
sinimaas

διαφήμιση
dhaadhessuu

λάμπα δρόμου
ibsaa daandii

CINEMA

οδός
godaanaa

ταξί
taksii

ψιλικατζίδικο
dukkaana isnaakii

πεζός
lafoo

πεζοδρόμιο
ba'iinsa

διάβαση πεζών
ceetoo zabraa

κάδος απορριμμάτων
balfa

διασταύρωση
ceetoo

φανάρια
Ibsaatiraafikaa

καλύβα

godoo

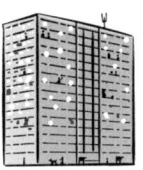

διαμέρισμα

diriiraa

σιδηροδρομικός σταθμός

buufata baburaa

δημαρχείο

galma magaalaa

μουσείο

muuziyeemii

σχολείο

baruumsaa

πανεπιστήμιο

yuunivarstii

τράπεζα

baankii

νοσοκομείο

hospitaala

ξενοδοχείο

hoteela

φαρμακείο

mana qorichaa

γραφείο

waajjira

βιβλιοπωλείο

dukkana kitaabaa

κατάστημα

dukkaana

ανθοπωλείο

gurgurtuu abaabo

σούπερ μάρκετ

suppar maarkeetii

αγορά

gabaa

πολυκατάστημα

kuusaa dame

ιχθυοπωλείο

kiyyeessituu qurxxummii

εμπορικό κέντρο

giddu gala gabaa

λιμάνι

buufata galaanaa

πάρκο

paarkii

παγκάκι

tessoo dalgee

γέφυρα

riqica

σκάλες

sibsaabii

μετρό

Lafa jala

τούνελ

holqa

στάση λεωφορείου

buufata konkolaataa

μπαρ

baarii

εστιατόριο

mana nyaataa

γραμματοκιβώτιο

saanduqa poostaa

πινακίδα δρόμου

mallattoodaandii

παρκόμετρο

idoo dhaabbii konkolaataa

ζωολογικός κήπος

dallaa beeladaa

πισίνα

haroo daakkaa

τζαμί

masgiida

αγρόκτημα

qonna

ρύπανση

faalama

νεκροταφείο

iddoo awwaalchaa

εκκλησία

charchii

παιδική χαρά

dirree taphaa

ναός

siidaa

τοπίο

teechuma lafaa

φύλλο
baala

πινακίδα κατεύθυνσης
maxxansa beeksiisaa

δρόμος
karaa

λιβάδι
huruufa magariisa

πέτρα
dhakaa

πεζοπόρος
nama lafoo deemu

δέντρο
muka

ποτάμι
laga

χορτάρι
mrga

λουλούδι
abaaboo

κοιλάδα

sulula

λόφος

tabba

λίμνη

hara

δάσος

bosona

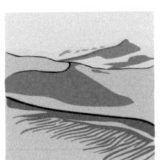

έρημος

gammoojjii oo;aa

ηφαίστειο

dhooyinsalafaa

κάστρο

masaraa

ουράνιο τόξο

sabbata waaqqaa

μανιτάρι

jaarsa marqoo

φοίνικας

muka teemiraa

κουνούπι

bookee busaa

μύγα

balali'uu

μυρμήγκι

mixii

μέλισσα

kanniisa

αράχνη

sarariitii

σκαθάρι

boombii

βάτραχος

hurrii

σκίουρος

shikookkoo

σκαντζόχοιρος

xaddee

λαγός

beelada illeentii fakkaatu

κουκουβάγια

jajuu

πουλί

simbira

κύκνος

daakkiyyee

αγριογούρουνο

ifaannaa

ελάφι

godaa

άλκη

godaa ameerikaatti argamu

φράγμα

riqicha

ανεμογεννήτρια

tarbaayinii buubbee

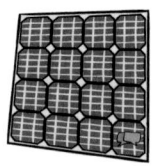

ηλιακός συλλέκτης

panaalii soolaarii

κλίμα

haala qilleensaa

εστιατόριο
mana nyaataa

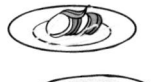

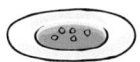

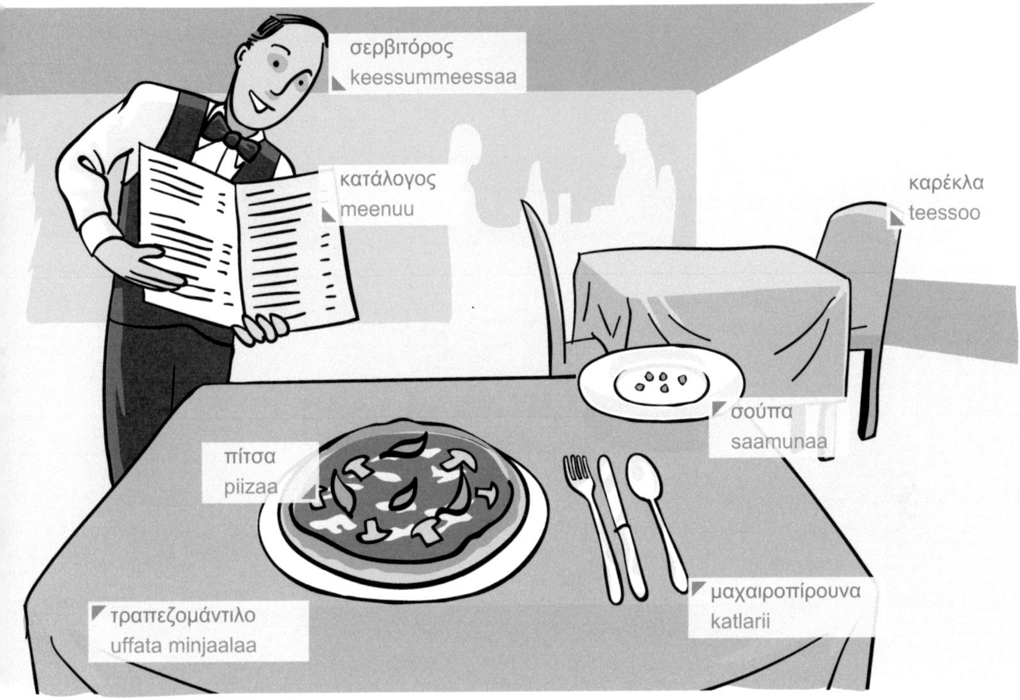

σερβιτόρος
keessummeessaa
κατάλογος
meenuu
καρέκλα
teessoo
σούπα
saamunaa
πίτσα
piizaa
τραπεζομάντιλο
uffata minjaalaa
μαχαιροπίρουνα
katlarii

ορεκτικό

calqabsiisaa

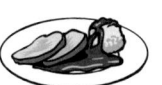

κύριο πιάτο

madda muummee

επιδόρπιο

deezaartii

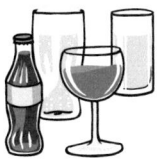

ποτά

dhugaatii

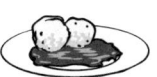

φαγητό

nyaata

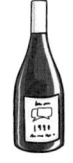

μπουκάλι

qaruuraa

φαστ φουντ

nyaata qophaa'aa

φαγητό στ' όρθιο

nyaata karaa irraa

τσαγιέρα

markajii shaayii

δοχείο ζάχαρης

qodaa shukkaaraa

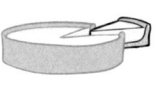

μερίδα

uwwisa

μηχανή εσπρέσο

maashina espereessoo

ψηλή καρέκλα

teessoo ol ka'aa

λογαριασμός

nagahee

δίσκος

tirii

μαχαίρι

hlbee

πιρούνι

shuukkaa

κουτάλι

fal'aana

κουταλάκι του τσαγιού

fal'aana shaayii

πετσέτα φαγητού

uffrata minjaala nyaataa

ποτήρι

burcuqqoo

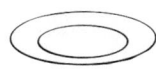

πιάτο

diiriiraa

πιάτο σούπας

teessoo saamunaa

πιατάκι φλιτζανιού

teessoo siinii

σάλτσα

sugoo

αλατιέρα

qodaa sooqiddaa

μύλος για πιπέρι

daaktuu barbaree

ξύδι

hadhooftuu

λάδι

zayita

μπαχαρικά

qimamii

κέτσαπ

kachappii

μουστάρδα

sanaafica

μαγιονέζα

maaynoneezii

σούπερ μάρκετ
suppar maarkeetii

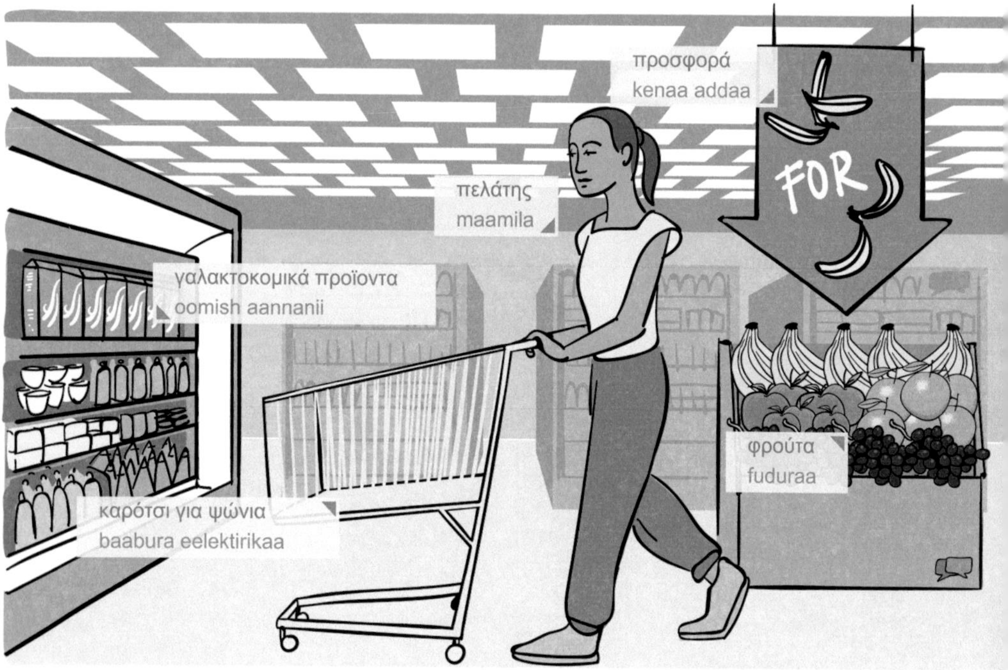

προσφορά
kenaa addaa
FOR
πελάτης
maamila
γαλακτοκομικά προϊόντα
oomish aannanii
φρούτα
fuduraa
καρότσι για ψώνια
baabura eelektirikaa

BUTCHERS

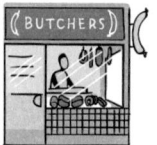

κρεοπωλείο

mana foonii

BAKERY

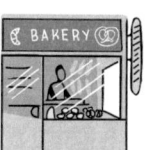

φούρνος

tolchituu

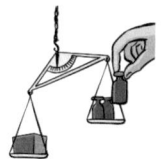

ζυγίζω

ulfaatina safaruu

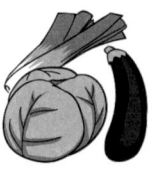

λαχανικά

kuduraa

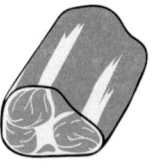

κρέας

foon

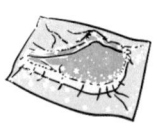

κατεψυγμένα τρόφιμα

nyaataqorraa

αλλαντικά

foon qorraa

κονσερβοποιημένη τροφή

nyaata samsmaa

απορρυπαντικό ρούχων

oomoo

γλυκά

mi'aawaa

οικιακά είδη

oomisha meeshaa manaa

καθαριστικά προϊόντα

bu'aa qulqulleessuu

πωλήτρια

nama gurgurtaa

ταμείο

hanga

ταμίας

qarshi qabduu

λίστα για ψώνια

taree gabaa

ωράριο λειτουργίας

sa'aatii baniinsaas

πορτοφόλι

krojoo qarshii kan dhiiraa

πιστωτική κάρτα

kireedit kaardii

τσάντα

korojoo

πλαστική σακούλα

korojoo pilaastikaa

νερό

bishaan

χυμός

cuunfaa

γάλα

aannani

κόκα κόλα

kookii

κρασί

wayinii

μπίρα

biiraa

αλκοόλ

alkoolii

κακάο

kookaa

τσάι

shaayii

καφές

buna

εσπρέσο

espereesso

καπουτσίνο

kaappuchuunoo

μπανάνα

muuzii

μήλο

aappilii

πορτοκάλι

burtukaana

πεπόνι

meeloonii

λεμόνι

loomii

καρότο

kaarotii

σκόρδο

qullubbii adii

μπαμπού

leemmana

κρεμμύδι

qullubbii

μανιτάρι

jaarsa marqoo

ξηροί καρποί

godoo

νουντλς

gowwaa

μακαρόνια

ispaageetii

ρύζι

ruuza

σαλάτα

salaaxaa

πατατάκια

chiipsii

τηγανητές πατάτες

moose affeelamaa

πίτσα

piizaa

χάμπουργκερ

hmbargarii

σάντουιτς

saanduchii

κοτολέτα

kotaleetii

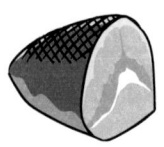

ζαμπόν

foon booyyee kan luka
fuuiduraa

σαλάμι

nyaata mi'eessituu fi
sooggiddan sukkummame

λουκάνικο

sausage

κοτόπουλο

lukuu

ψητό

waaddii

ψάρι

qurxummii

χυλός βρώμης

bulluqa aajjaa

μούσλι

masliis

κορν φλέικς

fandishaa

αλεύρι

daakuu

κρουασάν

kiroosantii

ψωμάκι

daabboo-

ψωμί

daabboo

τοστ

dabboo oo'aa

μπισκότα

buskuuta

βούτυρο

dhadhaa

τυρόπηγμα

itittuu

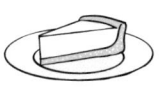

κέικ

keekii

αυγό

buuphaa

τηγανητό αυγό

buuphaa affeelamaa

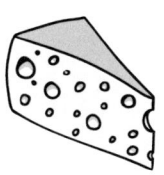

τυρί

ayibii

παγωτό

aays kireemii

ζάχαρη

shukkaara

μέλι

damma

μαρμελάδα

marmaalaataa

άλλειμμα σοκολάτας

chokkoleetii bittinnaa'aa

κάρυ

kuurii

αγρόκτημα
qonna

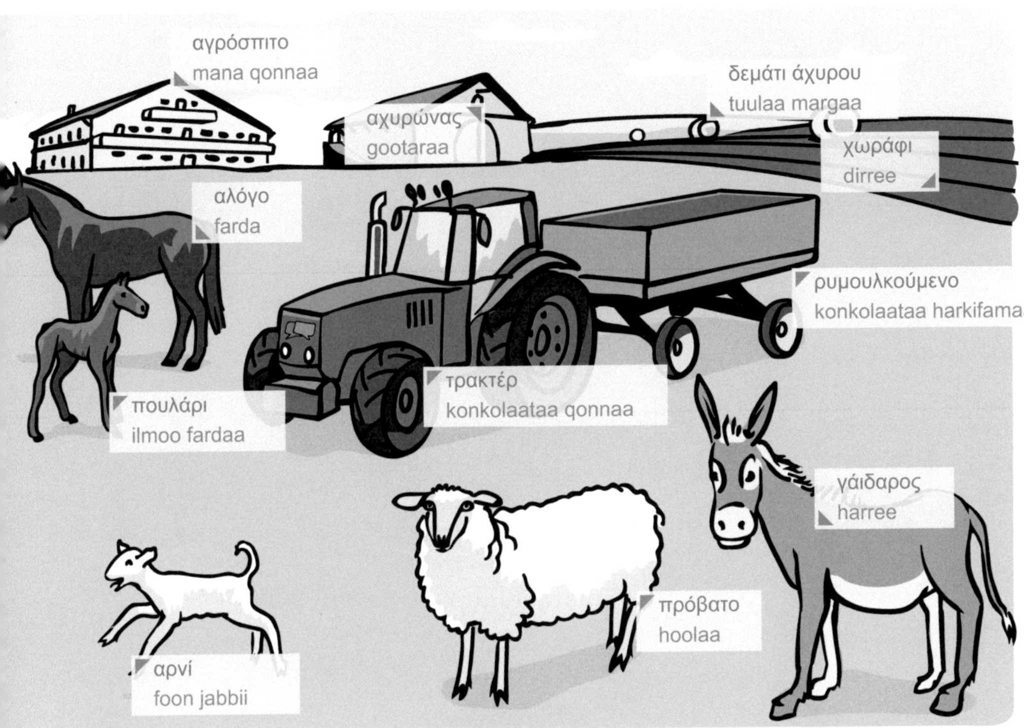
αγρόσπιτο
mana qonnaa
δεμάτι άχυρου
tuulaa margaa
αχυρώνας
gootaraa
χωράφι
dirree
αλόγο
farda
ρυμουλκούμενο
konkolaataa harkifamaa
τρακτέρ
konkolaataa qonnaa
πουλάρι
ilmoo fardaa
γάιδαρος
harree
πρόβατο
hoolaa
αρνί
foon jabbii

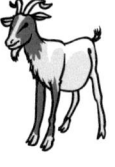

κατσίκα
ra'ee

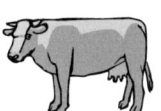

αγελάδα
sa'a

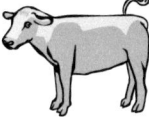

μοσχαράκι
jabbilee

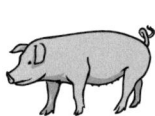

γουρούνι
booyyee

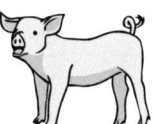

γουρουνάκι
ilmoo booyyee

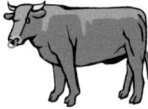

ταύρος
korma

χήνα

ziyyee

πάπια

daakkiyyee

κοτοπουλάκι

lukkuu

κότα

lukkuu haadhoo

κόκορας

lukkuu kormaa

αρουραίος

hantuuta

γάτα

adurree

ποντίκι

hantuuta goodaa

βόδι

qotiyyoo

σκύλος

saree

σπιτάκι σκύλου

mana saree

λάστιχο κήπου

ujjummoo oddoo

ποτιστήρι

kan ittin bishaan obaasan

θεριστήρι

haamtuu dheeraa

αλέτρι

qotuu

δρεπάνι

haamtuu

τσάπα

gasoo

δίκρανο

manshii

τσεκούρι

qotoo

χειράμαξα

gaarii goommaa

ταΐστρα

suluula

δοχείο γάλακτος

meeshaa aannanii

σάκος

keeshaa

φράχτης

dallaa

στάβλος

tasgabbii

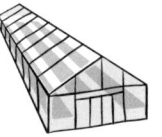

θερμοκήπιο

mana biqiltuu

έδαφος

biyyee

σπόρος

sanyii

λίπασμα

dachee gabbistuu

θεριζοαλωνιστική μηχανή

kmbaayinara haamaa

θερίζω

haamuu

συγκομιδή

haamuu

γιαμς

biqiltuu hundeen isaa nyaatamu

σιτάρι

qamadii

σόγια

sooy

πατάτα

moose

καλαμπόκι

boqqoolloo

κράμβη

raappii siidii

οπωροφόρο δέντρο

muka fudraa

μανιόκα

kzaavaa

δημητριακά

midhaan biilaa

σπίτι

mana

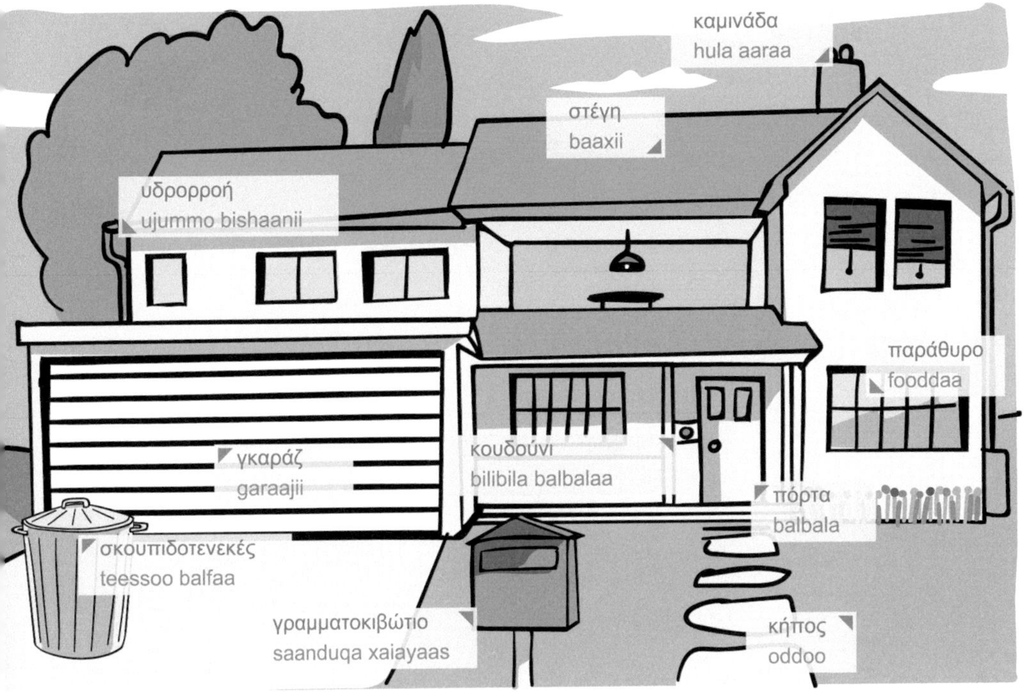

καμινάδα
hula aaraa
στέγη
baaxii
υδρορροή
ujummo bishaanii
παράθυρο
fooddaa
γκαράζ
garaajii
κουδούνι
bilibila balbalaa
πόρτα
balbala
σκουπιδοτενεκές
teessoo balfaa
γραμματοκιβώτιο
saanduqa xaiayaas
κήπος
oddoo

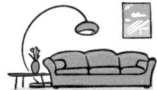

σαλόνι

kutaa jireenyaa

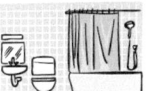

μπάνιο

kutaa dhiqannaa

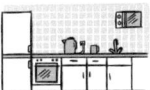

κουζίνα

mana bilcheessaa

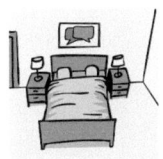

υπνοδωμάτιο

kutaa ciisichaa

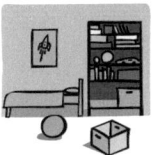

παιδικό δωμάτιο

kutaa ijoollee

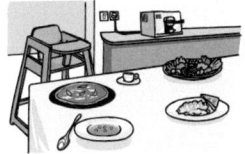

τραπεζαρία

kutaa nyaataa

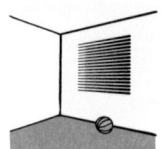

πάτωμα

lafa

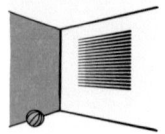

τοίχος

ededaa

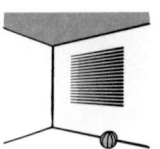

οροφή

baaxii

κελάρι

seelaarii

σάουνα

saawunaa

μπαλκόνι

baankoonii

βεράντα

madaba

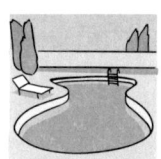

πισίνα

puulii

μηχανή του γκαζόν

konkoolaataa haamaa

σεντόνι

ansoolaa

κάλυμμα κρεβατιού

uffata siree

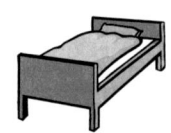

κρεβάτι

siree

σκούπα

hartuu

κουβάς

baaldii

διακόπτης

cufuu

σαλόνι
kutaa jireenyaa

ταπετσαρία
wolpeepparii
φωτογραφία
fakkii
λάμπα
foon hoolaa
ράφι
masalangaa
ντουλάπι
kaappi boordiis
τηλεόραση
tleviszinii
τζάκι
midijjaa
λουλούδι
abaaboo
μαξιλάρι
boraatiii
καναπές
soofaa
βάζο
tessoo abaaboo
τηλεκοντρόλ
too'attuu halaalaa

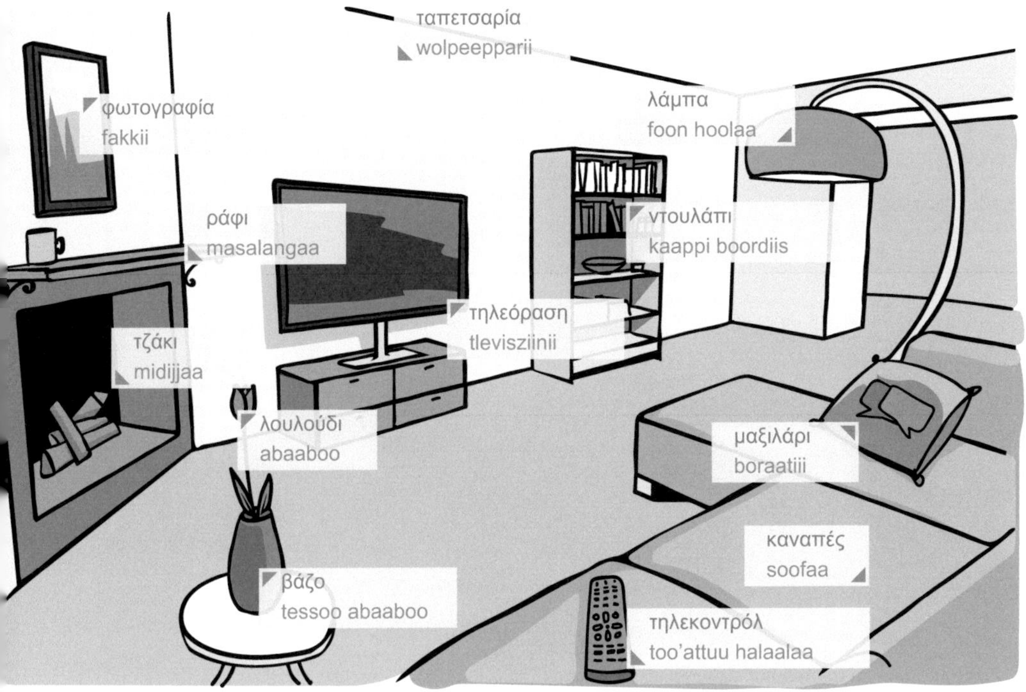

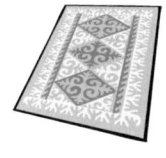

χαλί
afata

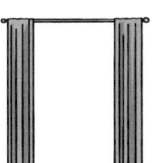

κουρτίνα
golgaa

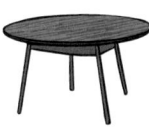

τραπέζι
minjaala

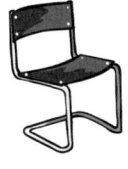

καρέκλα
teessoo

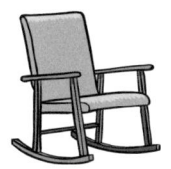

κουνιστή πολυθρόνα
teessoo rarra'aa

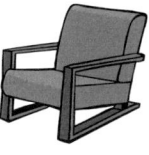

πολυθρόνα
teesoo ciqilffannaa

βιβλίο

kitaaba

κουβέρτα

uffata qorraa

διακόσμηση

midhagina

καυσόξυλα

muka qoraanii

ταινία

fiilmii

στερεοφωνικό σύστημα

meeshaa

κλειδί

furtuu

εφημερίδα

gaazexaa

πίνακας ζωγραφικής

dibuu

αφίσα

barjaa

ραδιόφωνο

reedyoonii

σημειωματάριο

daftara yaadanoo

ηλεκτρική σκούπα

meeshaa eeleektirikaa afata
qulqulleessu

κάκτος

laaftoo

κερί

dungoo

σαλόνι - kutaa jireenyaa

κουζίνα
mana bilcheessaa

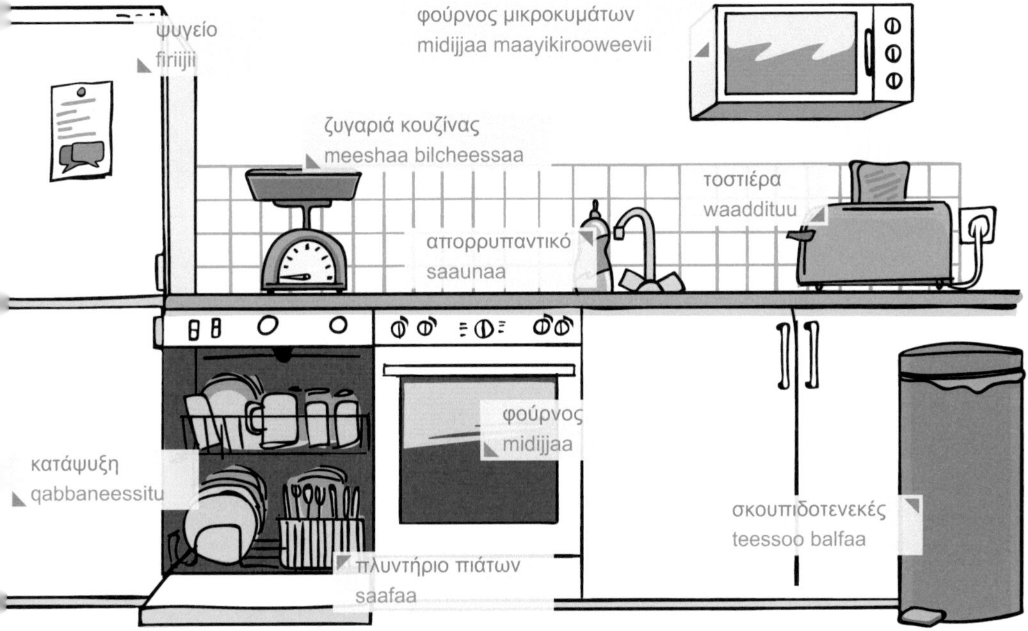
ψυγείο
firiijii
φούρνος μικροκυμάτων
midijjaa maayikirooweevii
ζυγαριά κουζίνας
meeshaa bilcheessaa
τοστιέρα
waaddituu
απορρυπαντικό
saaunaa
φούρνος
midijjaa
κατάψυξη
qabbaneessitu
σκουπιδοτενεκές
teessoo balfaa
πλυντήριο πιάτων
saafaa

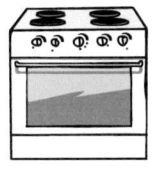

κουζίνα

bilcheesssituu

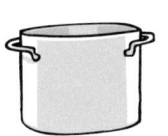

κατσαρόλα

okkotee

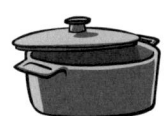

μαντεμένια κατσαρόλα

cast-iron pot

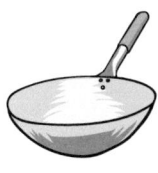

γουόκ/καντάι

sataatee

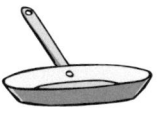

τηγάνι

waaddituu

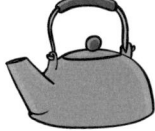

βραστήρας

markajii

ατμομάγειρας

jabala humna urkaa

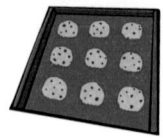

ταψί

tirii bilcheessaa

πιατικά

bantuu qaruuraa

κούπα

geeba

μπολ

sayinaa

ξυλάκια

dibata hidhii

κουτάλα

cilfaa

σπάτουλα

shuukkaa

ανακατεύω

areeda aduurree

σουρωτήρι

dhimbiibduu

σουρωτηράκι

gingilchaa

τρίφτης

meeshaa farfartuu

γουδί

mooyyee

ψησταριά

waadii abiddaa

ανοιχτή φωτιά

midijjaa

σανίδα κοπής

maktafiyaa

πλάστης

martuu

ανοιχτήρι φελλών

bantuu qaruuraa

κονσέρβα

danda'uu

ανοιχτήρι κονσέρβας

banuu danda'uu

γάντι φούρνου

teesoo okkotee

νεροχύτης

lixuu

βούρτσα

buruushii

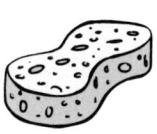

σφουγγάρι

ispoonjii

μπλέντερ

meeshaa waliin makaa

καταψύκτης

qabbaneessaa guddaa

μπιμπερό

xuuxxoo

βρύση

ujjuummoo

μπάνιο
kutaa dhiqannaa

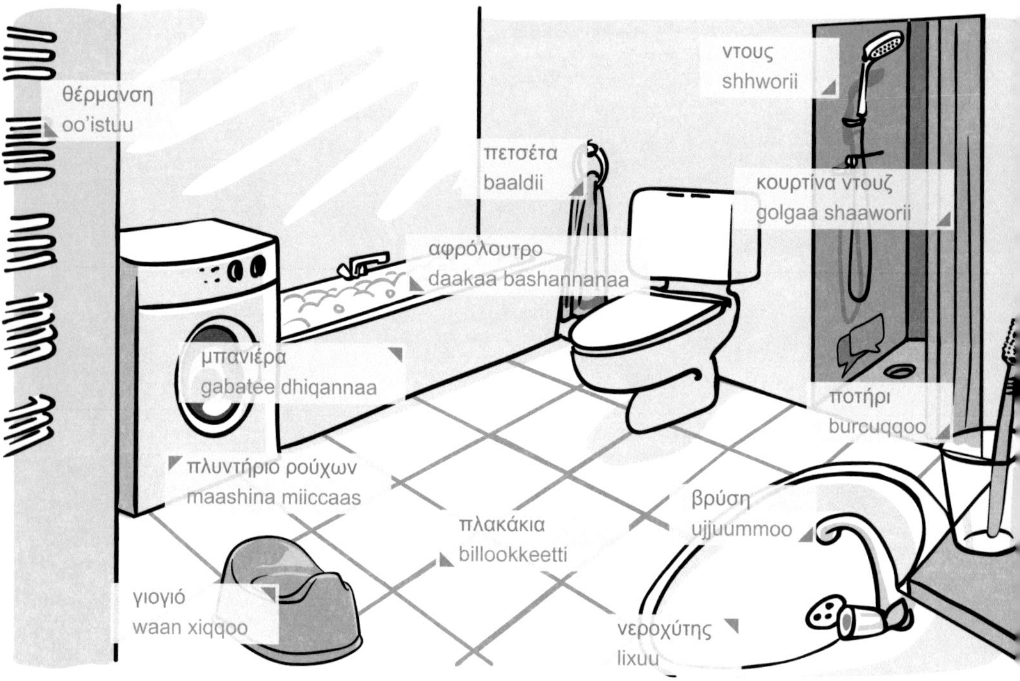

θέρμανση
oo'istuu
πετσέτα
baaldii
ντους
shhworii
κουρτίνα ντουζ
golgaa shaaworii
αφρόλουτρο
daakaa bashannanaa
μπανιέρα
gabatee dhiqannaa
ποτήρι
burcuqqoo
πλυντήριο ρούχων
maashina miiccaas
βρύση
ujjuummoo
πλακάκια
billookkeetti
γιογιό
waan xiqqoo
νεροχύτης
lixuu

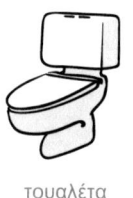

τουαλέτα

mana fincaanii

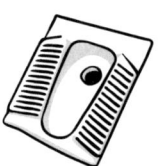

τούρκικη τουαλέτα

mana fincaanii taa'e

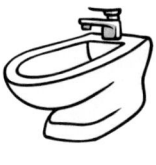

μπιντές

saafaa

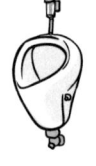

ουρητήριο

sahiinaa mana fincaanii

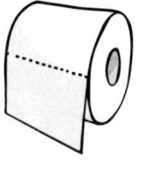

χαρτί υγείας

sooftii

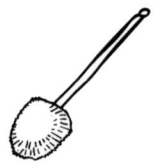

πιγκάλ

burusha mana fincaanii

οδοντόβουρτσα

buruushii ilkaanii

οδοντόκρεμα

saamunaa ilkaanii

οδοντικό νήμα

soqxuu ilkaanii

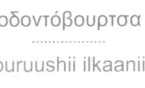

πλένω

dhiquu

τηλέφωνο ντους

qaama dhiqannaa aadaa

ντουσιέρα

kan dach

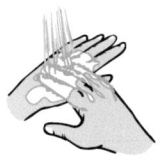

λεκάνη

sulula

βούρτσα πλάτης

mana dhiqataa

σαπούνι

saamunaa

αφρόλουτρο

dibata dhiqannaa boodaa

σαμπουάν

shaampuu

φανέλα

jejuu

σιφόνι

gogsuu

κρέμα

kireemii

αποσμητικό

dodoraantii

καθρέφτης

daawitii

καθρέφτης χειρός

daawitii hrkaa

ξυραφάκι

milaacii

αφρός ξυρίσματος

dibata areedaas

αφτερσέιβ

diibata areedaa

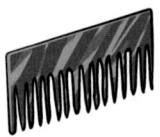

χτένα

filaa

βούρτσα

burusha

σεσουάρ

qoorsituu rifeensaa

λακ

hafuuftuu rifeensaa

μακιγιάζ

meekaappii

κραγιόν

lippistiikii

βερνίκι νυχιών

qeessa muculiksituu

βαμβάκι

jirbii

ψαλίδι νυχιών

murtuu qeessa

άρωμα

shittoo

νεσεσέρ

korojoo dhiqannaa

σκαμπό

gatteechuma

ζυγαριά

iskeelii ulfaatinaa

μπουρνούζι

uffata dhiqannaa

ελαστικά γάντια

guwaantii pilaastikaa

ταμπόν

moodesii

πετσέτα υγιεινής

fooxaa qulquulinaa

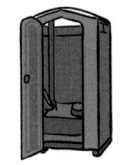

χημική τουαλέτα

keemikaala mana fincaanii

παιδικό δωμάτιο
kutaa ijoollee

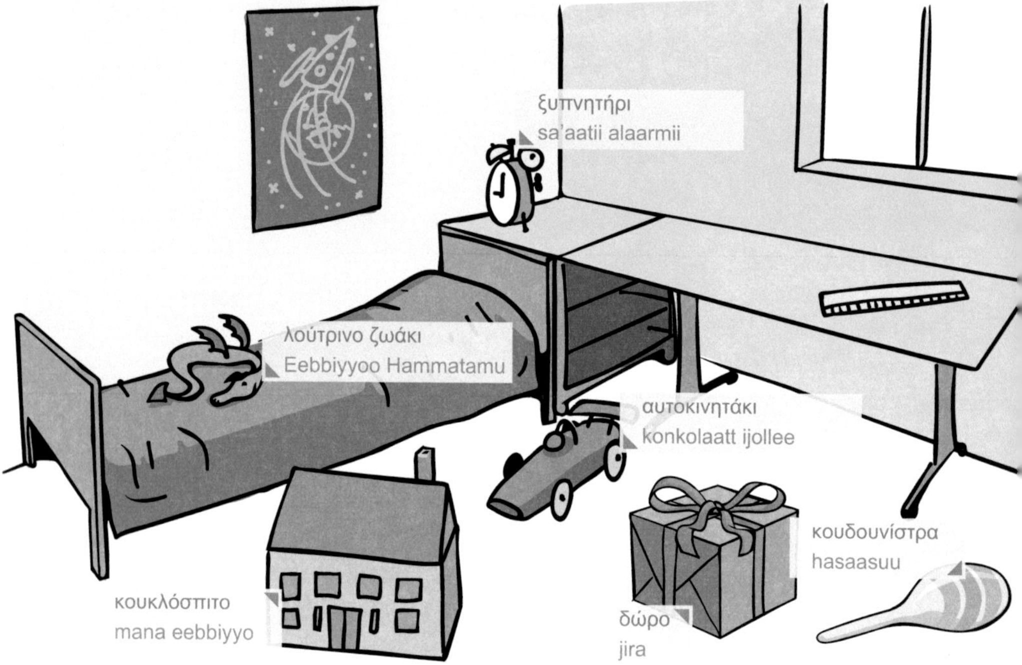
ξυπνητήρι
sa'aatii alaarmii
λούτρινο ζωάκι
Eebbiyyoo Hammatamu
αυτοκινητάκι
konkolaatt ijollee
κουδουνίστρα
hasaasuu
κουκλόσπιτο
mana eebbiyyo
δώρο
jira

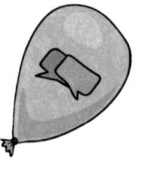

μπαλόνι

baaloonii

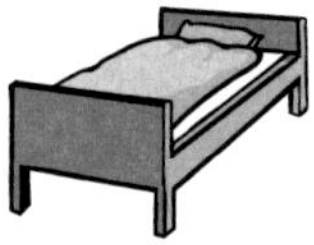

κρεβάτι

siree

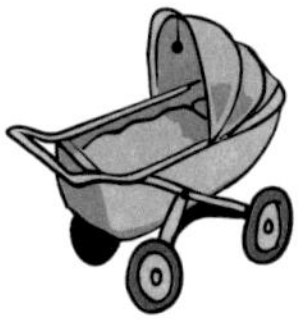

καροτσάκι

gaarii daa'imaa

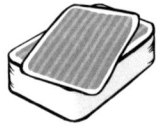

τράπουλα

Minjaala Kaardii

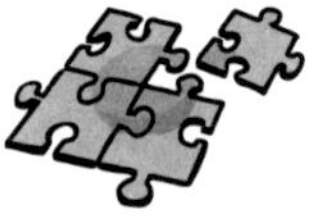

παζλ

akaafaa

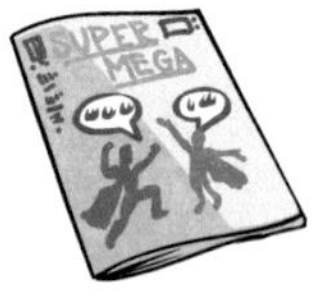

κόμικς

kofalchiisaa

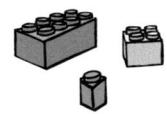

τουβλάκια lego

lego bricks

τουβλάκια κατασκευών

dlookii ijaarsaa

φιγούρα δράσης

lakkofsa gochaa

βρεφικό φορμάκι

guddina daa'imaa

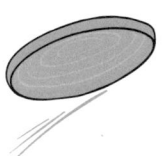

φρίσμπι

saahinaa taphaa

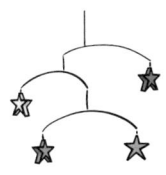

μόμπιλο

mobaayilii

επιτραπέζιο παιχνίδι

gabatee taphaa

ζάρια

kuubii lakk. 1-6 qabu

σετ τρενάκι

teessuma leenji'aa modeelaa

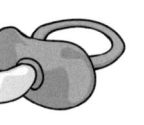

πιπίλα

fakkii

πάρτι

afeerrii

εικονογραφημένο βιβλίο

kitaaba fakii

μπάλα

kubbaa

κούκλα

eebiyyoo

παίζω

tapha

σκάμμα με άμμο

boolla cirrachaa

κούνια

hodhuu

παιχνίδια

eebbiyyoo

κονσόλα βιντεοπαιχνιδιών

konsoli tapha viidyoo

τρίκυκλο

marsaa sadii

αρκουδάκι

eebiyyo hammatamtu

ντουλάπα

sanduqaa dhaabbii

ρούχα
cuufinsa

κάλτσες

kaalsii

καλτσοδέτες

istookingii

καλσόν

taayitii

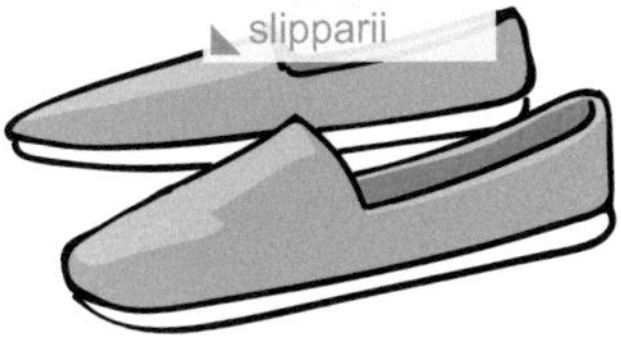

κασκόλ
guftaa

ομπρέλα
dibaaboo

μπλουζάκι
qomee

ζώνη
qabattoo

μπότες
bidiruuwwan

παντόφλες
slipparii

αθλητικά παπούτσια
leenjitoota

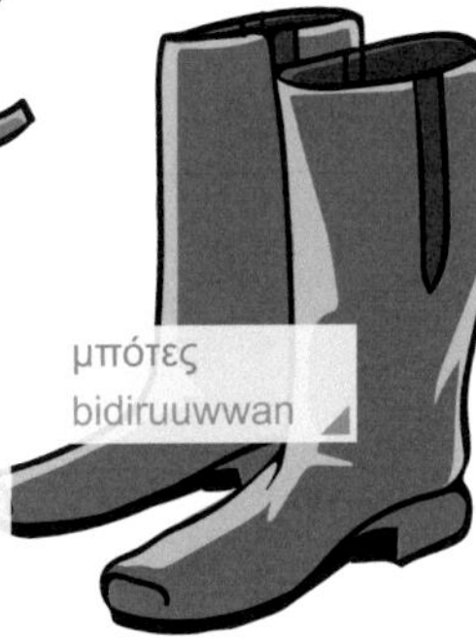

σανδάλια
kophee banaa

παπούτσια
kophee

γαλότσες
bidiruu pilaastikaa

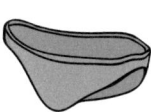

εσώρουχο
butaantaa

σουτιέν
harmaa

φανέλα
sadariyyaa

σώμα

qaama

παντελόνι

kofoo dheeraa

τζιν παντελόνι

jiinsii

φούστα

dalgee

μπλούζα

shamiza

πουκάμισο

shurraaba

πουλόβερ

shurraaba

πουλόβερ

haaguuggii jaakkeettii

σακάκι

yuunifoormii

μπουφάν

jaakkeettii

παλτό

kootii

αδιάβροχο πανωφόρι

kafana roobaa

κοστούμι

barsuma

φόρεμα

wandaboo

νυφικό

kafana gaa'ilaa

κοστούμι

kafana guutuu

νυχτικό

uffata halkanii

πιτζάμες

bijaamaa

σάρι

wandaboo hindii

μαντήλι

guftaa

τουρμπάνι

marata

μπούρκα

burqaa

καφτάνι

jalabiyyaa

μουσουλμανικό ένδυμα

abaya

ολόσωμο μαγιό

kafana daakkaa

ανδρικό μαγιό

mudhii

σορτς

kofoo gabaabaa

αθλητική φόρμα

kafanafgichaa

ποδιά

appiroonii

γάντια

guwwaantii

κουμπί

furtuu

γυαλιά

burcuqqoowwan

βραχιόλι

gumee

περιδέραιο

amartii

δαχτυλίδι

qubeelaa

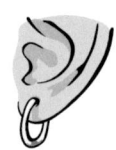

σκουλαρίκι

glii

καπέλο

geeba

κρεμάστρα

fanoo kootii

καπέλο

qoobii

γραβάτα

karbaata

φερμουάρ

ziippii

κράνος

heelmeetii

τιράντες

collee

μαθητική στολή

uffata mana baruumsaa

στολή

yuunifoormii

48

ρούχα - cuufinsa

σαλιάρα

kafana gorooraa

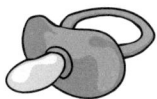

πιπίλα

fakkii

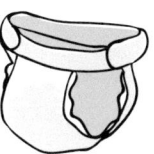

πάνα

naappii

γραφείο
waajjira

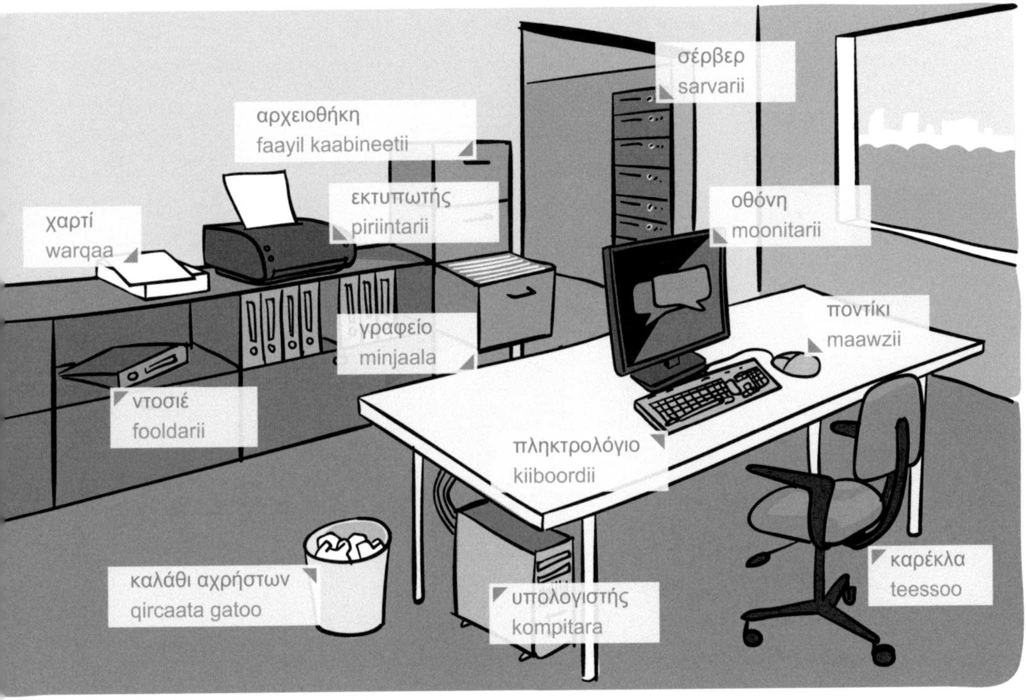

σέρβερ
sarvarii

αρχειοθήκη
faayil kaabineetii

εκτυπωτής
piriintarii

οθόνη
moonitarii

χαρτί
warqaa

γραφείο
minjaala

ποντίκι
maawzii

ντοσιέ
fooldarii

πληκτρολόγιο
kiiboordii

καλάθι αχρήστων
qircaata gatoo

υπολογιστής
kompitara

καρέκλα
teessoo

κούπα του καφέ

siinii bunaa

κομπιουτεράκι

herregduu

ίντερνετ

intarneetii

λάπτοπ

lab tooppii

γράμμα

xalaya

μήνυμα

ergaa

κινητό

mobbyilii

δίκτυο

neetwoorkii

φωτοτυπικό μηχάνημα

maashina footokoppii

λογισμικό

sooft weerii

τηλέφωνο

bilbila

πρίζα

sookkeetii suuqii

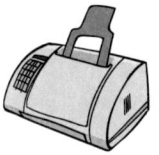

συσκευή φαξ

maashina faaksiis

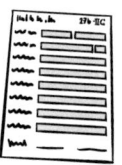

έντυπο

uunkaa

έγγραφο

dookimantii

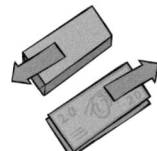

αγοράζω

bituu

πληρώνω

kafaluu

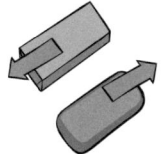

συναλλάσσομαι

daldaluu

χρήματα

qarshii

δολάριο

doolaara

ευρώ

yuroou

γιεν

yen

ρούβλι

ruubilii

ελβετικό φράγκο

Farankaa swwiz

ρενμίνμπι γιουάν

yuwaanii reenmiinbii

ρουπία

ruuppee

ATM (αυτόματη ταμειακή μηχανή)

kaash pooyintii

ανταλλακτήρια
συναλλάγματος

biiroo de cheenjee

χρυσός

warqee

ασήμι

meeta

πετρέλαιο

zayita

ενέργεια

human

τιμή

gatii

συμβόλαιο

koontiraata

φόρος

taaksii

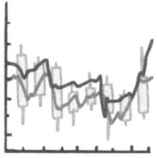

μετοχή

shaqaxa

δουλεύω

hojjechuu

υπάλληλος

qacaramaa

εργοδότης

qacaraa

εργοστάσιο

faabrikaas

κατάστημα

dukkaana

επαγγέλματα
hojii

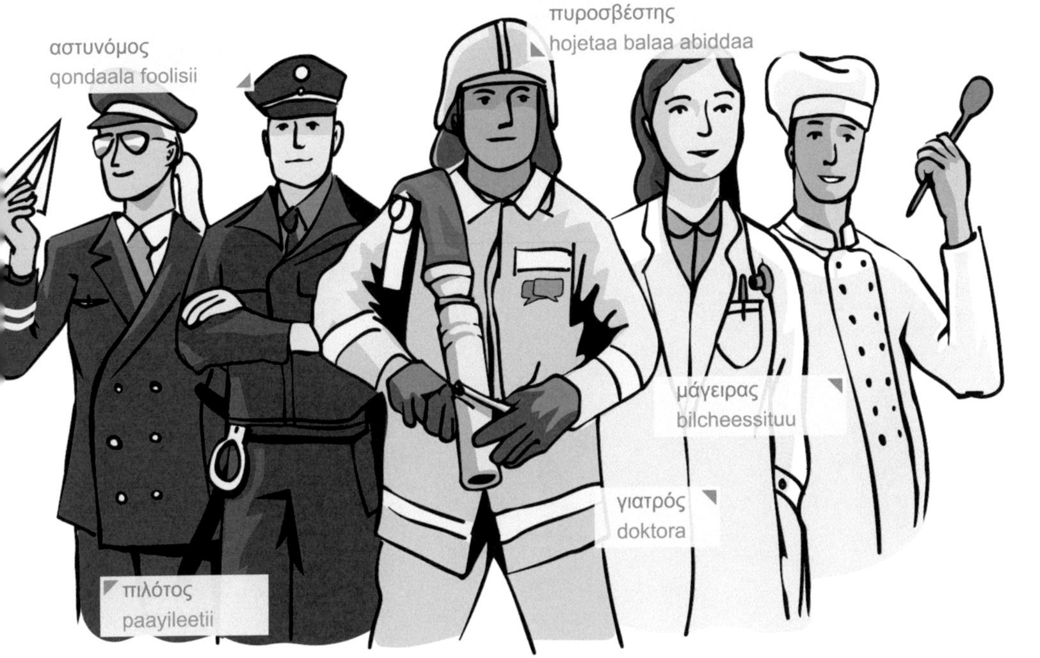

πυροσβέστης
hojetaa balaa abiddaa
αστυνόμος
qondaala foolisii
μάγειρας
bilcheessituu
γιατρός
doktora
πιλότος
paayileetii

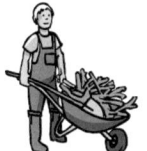

κηπουρός

waardiyyaa

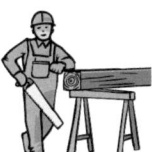

ξυλουργός

ogeessa mukaa

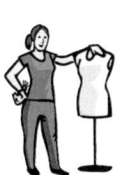

μοδίστρα

ooftuu jabalaa

δικαστής

abbaa seeraa

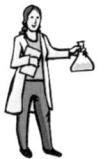

χημικός

keemistii

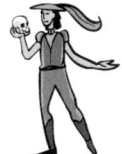

ηθοποιός

ta'aa

οδηγός λεωφορείου

konkolaachisaa

ταξιτζής

konkolaachisaataaksii

ψαράς

qurxumii kiyyeessaa

καθαρίστρια

qulqulleessituu

τεχνίτης στεγών

hojetaa baaxii

σερβιτόρος

keessummeessaa

κυνηγός

adamisituus

ζωγράφος

halluu dibduu

αρτοποιός

tolchituu

ηλεκτρολόγος

elektrishaana

οικοδόμος

ijaaraa

μηχανολόγος

injinara

κρεοπώλης

mana foonii

υδραυλικός

hjjetaa ujummoo

ταχυδρόμος

poostaa geessituu

στρατιώτης

raayyaa

αρχιτέκτονας

arkteektii

ταμίας

qarshi qabduu

ανθοπώλης

abaaboo gurgurtuu

κομμωτής

dabbasaa murtuu

ελεγκτής εισιτηρίων

kondaaktara

μηχανικός

makaanika

καπετάνιος

kaappiteenii

οδοντίατρος

hakiima ilkee

επιστήμονας

saayntiistii

ραβίνος

rabbi

ιμάμης

imaama

μοναχός

moloskee

ιερέας

luba

εργαλεία
meeshaalee

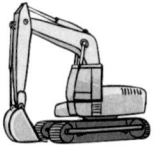

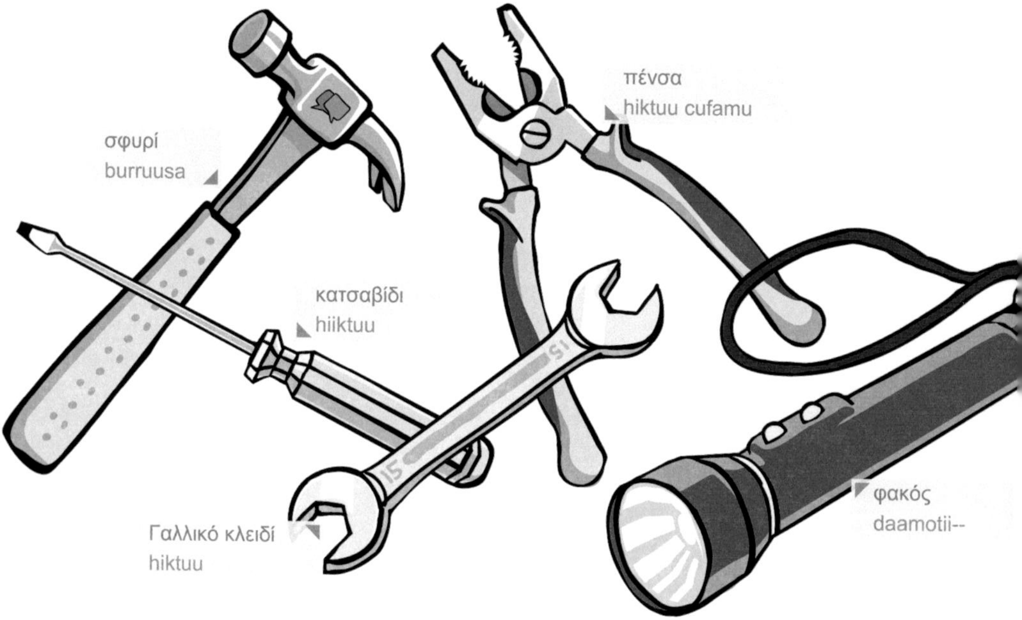
πένσα
hiktuu cufamu
σφυρί
burruusa
κατσαβίδι
hiiktuu
Γαλλικό κλειδί
hiktuu
φακός
daamotii--

εκσκαφέας

gasoo

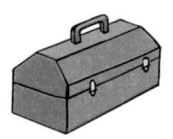

εργαλειοθήκη

saanduqa meeshhalee

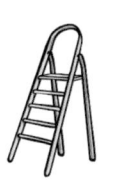

σκάλα

kortoo

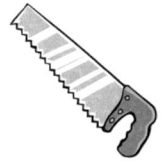

πριόνι

magaazii

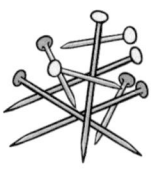

καρφιά

bismaara

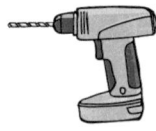

τρυπάνι

diriilii

επισκευάζω

suphuu

φτυάρι

akaafaa

Να πάρει!

dhaabi

φαράσι

gataa balfaa

δοχείο χρωμάτων

qodaa haalluu

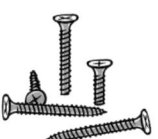

βίδες

hiktuu

μουσικά όργανα
meeshaalee muuziqaa

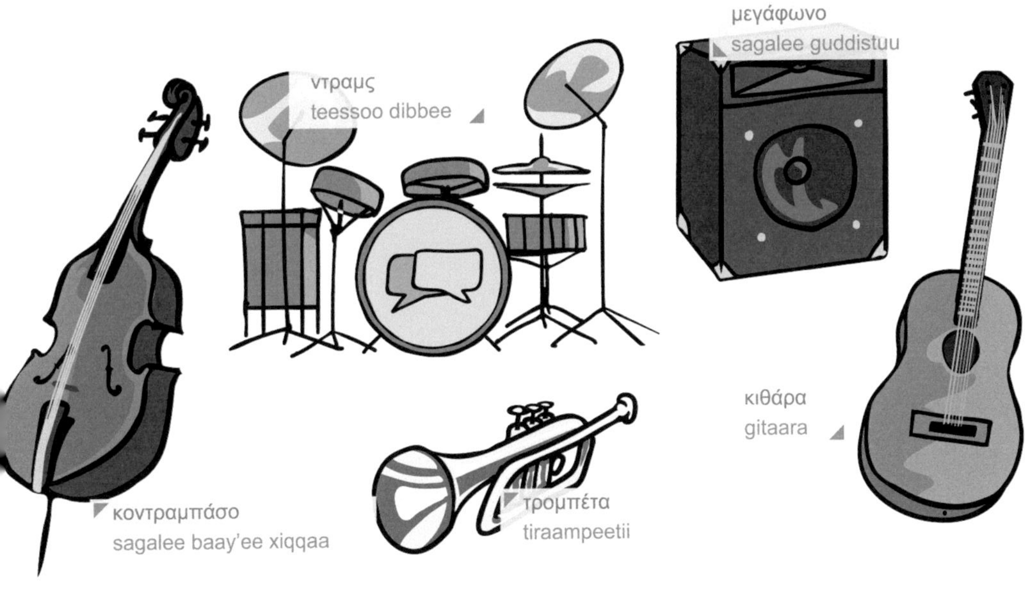

μεγάφωνο
sagalee guddistuu

ντραμς
teessoo dibbee

κιθάρα
gitaara

κοντραμπάσο
sagalee baay'ee xiqqaa

τρομπέτα
tiraampeetii

πιάνο

piyaanoo

βιολί

vaayoolinii

μπάσο

sagalee xiqqaa

τύμπανα

timpaanii

τύμπανο

dibbee

πλήκτρα

kiiboordii

σαξόφωνο

saaksi foona

φλάουτο

ulullee

μικρόφωνο

may craafoona

μουσικά όργανα - meeshaalee muuziqaa

ζωολογικός κήπος
dallaa beeladaa

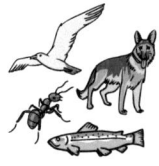

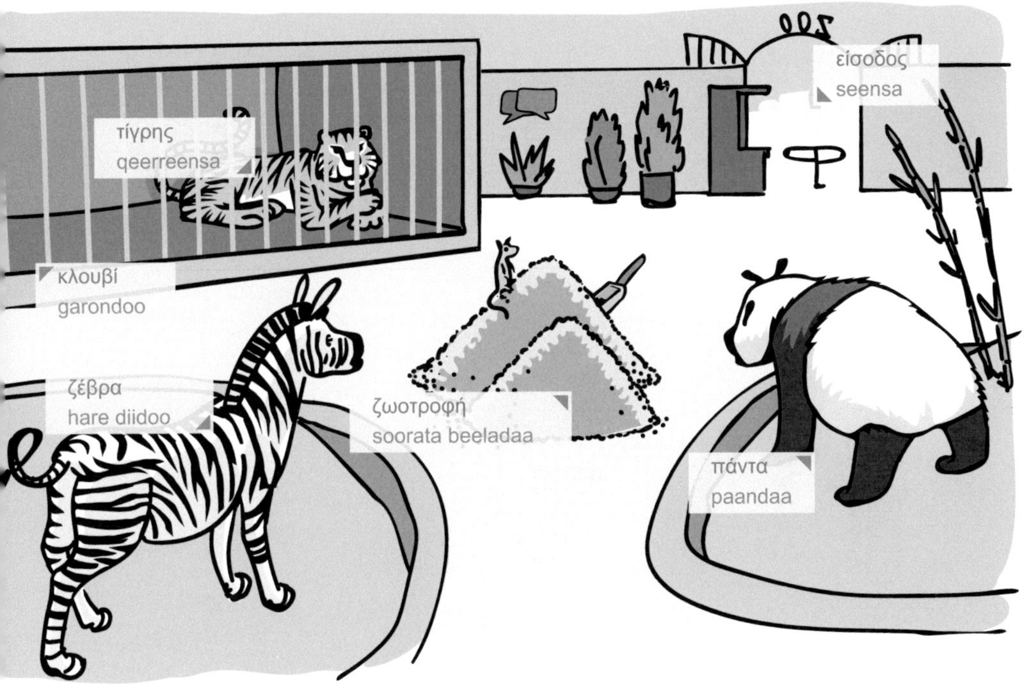

τίγρης
qeerreensa
είσοδος
seensa
κλουβί
garondoo
ζέβρα
hare diidoo
ζωοτροφή
soorata beeladaa
πάντα
paandaa

ζώα

beeladoota

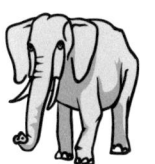

ελέφαντας

arba

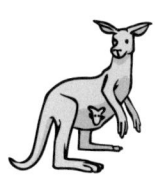

καγκουρό

kaangaaroo

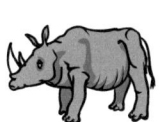

ρινόκερος

warseesa

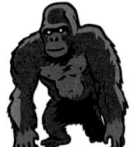

γορίλας

jaldeessa guddaa

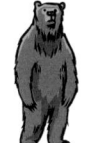

αρκούδα

godaa

καμήλα

gala

στρουθοκάμηλος

guchii

λιοντάρι

leenca

πίθηκος

jaldeessa

φλαμίνγκο

fiilaamingoo

παπαγάλος

simbira dubbattu

πολική αρκούδα

diibii poolarii

πιγκουίνος

peengyuunii

καρχαρίας

shaarkii

παγώνι

piikookii

φίδι

bofa

κροκόδειλος

qocaa

φύλακας ζωολογικού κήπου

eegaa zoo

φώκια

chaappaa

τζάγκουαρ

sanyii qeerensaa

πόνυ

farda gabaabduu

λεοπάρδαλη

sanyii qeerrensaa

ιπποπόταμος

roobii

καμηλοπάρδαλη

sattaawwaa

αετός

culullee

αγριογούρουνο

ifaannaa

ψάρι

qurxummii

χελώνα

qocaa galaanaa

θαλάσσιος ίππος

beelada bishaan keessaa

αλεπού

sardiida

γαζέλα

godaa

Αμερικάνικο ποδόσφαιρο
kubbaa miilaa ameerikaa

ποδηλασία
dargmmii bishkilileettaa

αντισφαίριση
teenisa

μπάσκετ
kubba kaachoo

κολύμβηση
bishaan daakkaa

πυγχαμία
aboottoo

χόκεϋ επί πάγου
sigigoo cabbie

ποδόσφαιρο
kubbaa miilaa

μπάντμιντον
baadmentanii

στίβος
atileetii

χάντμπολ
kubba harkaa

σκι
skiing

πόλο
pooloo

δραστηριότητες
sochii

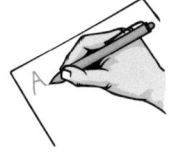

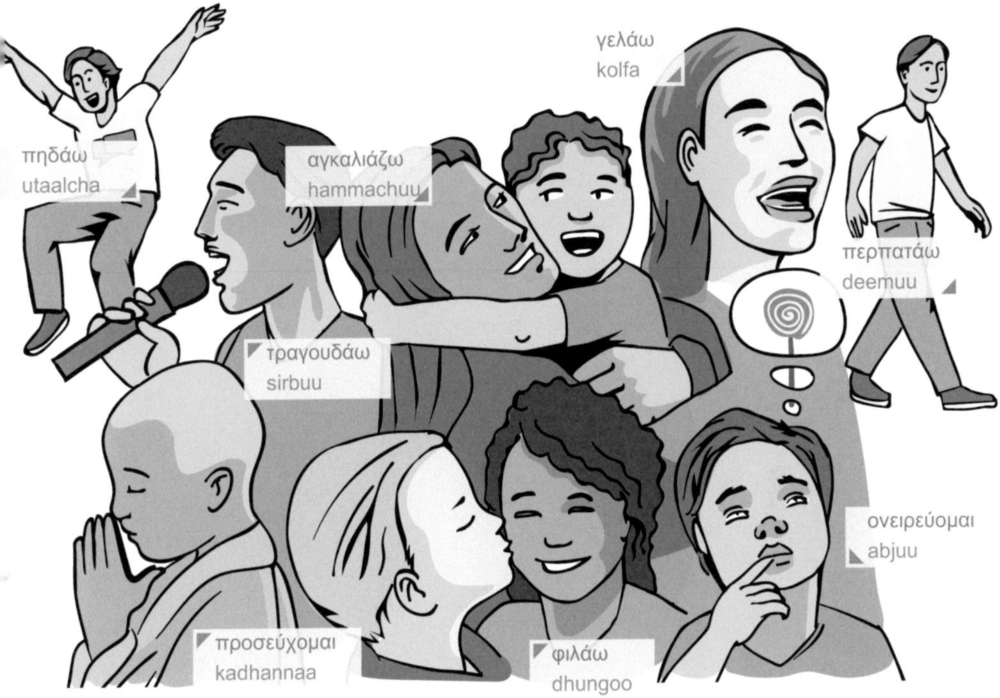
γελάω
kolfa
πηδάω
utaalcha
αγκαλιάζω
hammachuu
περπατάω
deemuu
τραγουδάω
sirbuu
ονειρεύομαι
abjuu
προσεύχομαι
kadhannaa
φιλάω
dhungoo

γράφω

barreessuu

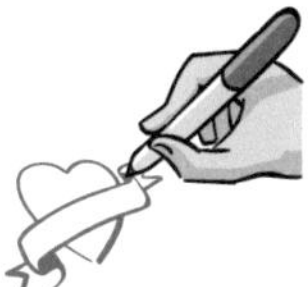

σχεδιάζω

fakkii kaasuu

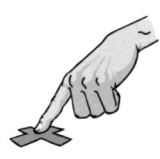

δείχνω

agrsiisuu

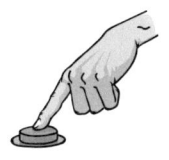

πιέζω

dhiibuu

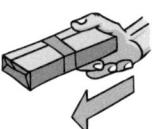

δίνω

kennuu

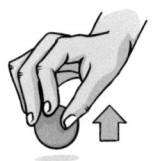

παίρνω

fudhachuu

έχω

qabaachuu

κάνω

gochuu

είμαι

ta'uu

στέκομαι

dhaabbachuu

τρέχω

kaachuu

τραβάω

harkisuu

ρίχνω

darbachuu

πέφτω

kufuu

ξαπλώνω

soba

περιμένω

eeguu

κουβαλώ

baachuus

κάθομαι

taa'uu

φοράω

uffachuu

κοιμάμαι

rafuu

ξυπνάω

dammaquu

κοιτάω

ilaaluu

κλαίω

iyyuu

χαϊδεύω

dhiibbaa dhiigaa

χτενίζω

filuu

μιλάω

haasa'uu

καταλαβαίνω

hubachuu

ρωτάω

gaafachuu

ακούω

dhggeeffachuu

πίνω

dhuguu

τρώω

nyaachuu

συγυρίζω

ol kaasuu

αγαπάω

jaalala

μαγειρεύω

bilcheessuus

οδηγώ

oofuu

πετάω

barrisuu

κάνω ιστιοπλοΐα

jabalan

υπολογίζω

heerregii

διαβάζω

dubbisuu

μαθαίνω

baruumsa

δουλεύω

hojjechuu

παντρεύομαι

fuudha

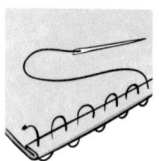

ράβω

hodhuu

βουρτσίζω τα δόντια

ilkaan rigachuu

σκοτώνω

ajjeecha

καπνίζω

xuuxuu

στέλνω

erguu

οικογένεια

warra

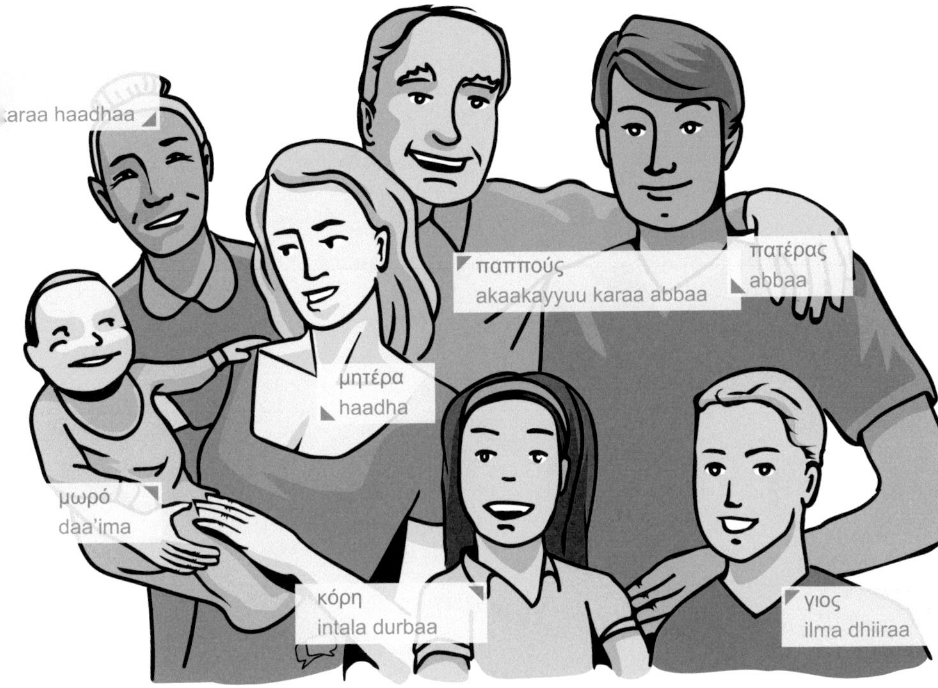

:araa haadhaa
παππούς
akaakayyuu karaa abbaa
πατέρας
abbaa
μητέρα
haadha
μωρό
daa'ima
κόρη
intala durbaa
γιος
ilma dhiiraa

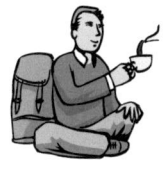

καλεσμένος

keessummaas

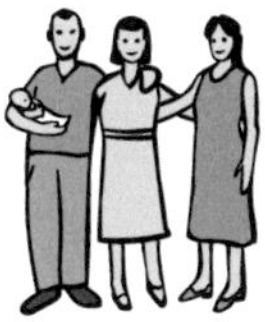

θεία

adaadaa

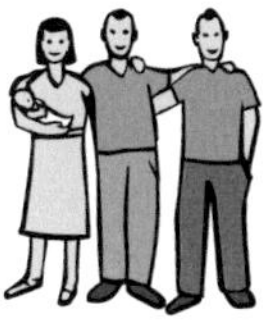

θείος

eessuma

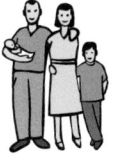

αδελφός

obboleessa

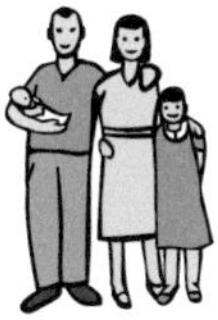

αδελφή

obboleettii

σώμα

qaama

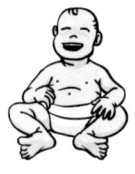

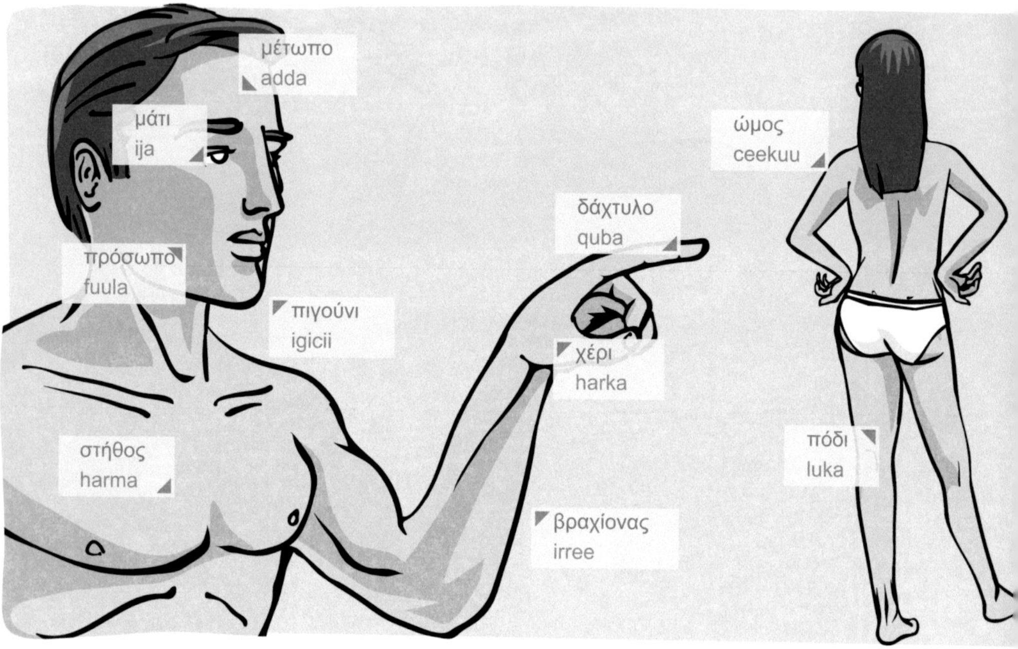

μέτωπο
adda
μάτι
ija
ώμος
ceekuu
δάχτυλο
quba
πρόσωπο
fuula
πιγούνι
igicii
χέρι
harka
στήθος
harma
πόδι
luka
βραχίονας
irree

μωρό

daa'ima

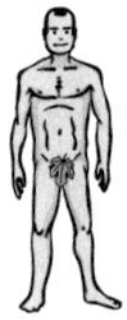

άνδρας

nama

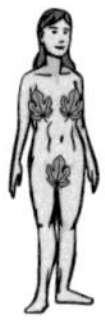

γυναίκα

dubartii

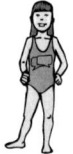

κορίτσι

durba

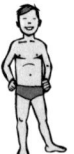

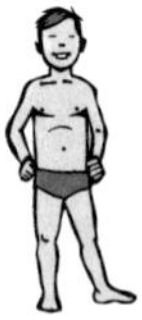

αγόρι

mucaa

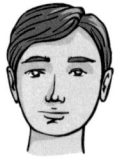

κεφάλι

mataa

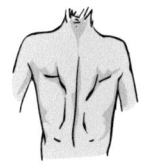

πλάτη

duuba

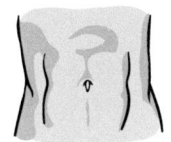

κοιλιά

godhami

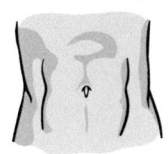

αφαλός

belly button

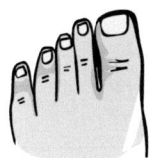

δάχτυλο ποδιού

qubq miilaa

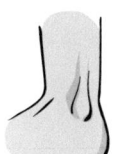

φτέρνα

koomee

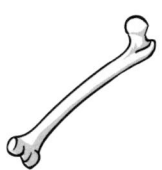

κόκκαλο

lafee

γοφός

dirra

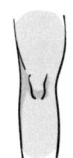

γόνατο

jilba

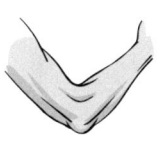

αγκώνας

ciqilee

μύτη

fuunyaan

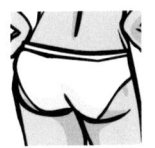

γλουτός

jala

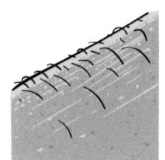

δέρμα

gogaa

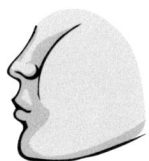

μάγουλο

boqoo

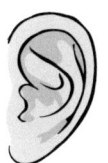

αυτί

gurra

χείλος

hidhii

σώμα - qaama

στόμα

afaan

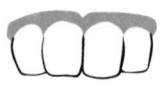

δόντι

ilkee

γλώσσα

arraba

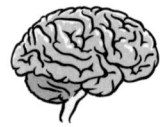

εγκέφαλος

sammuu

καρδιά

onnee

μυς

fon irree

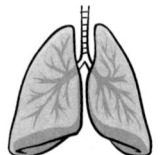

πνεύμονας

somba

συκώτι

tiruu

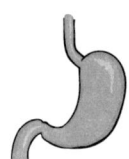

στομάχι

garaacha

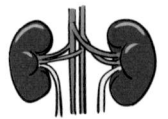

νεφρά

kaleewwan

σεξουαλική επαφή

wal qunnamitii saalaa

προφυλακτικό

kondomii

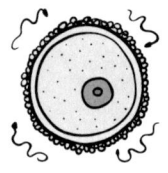

ωάριο

buphaa dubartii

σπέρμα

mi'oo

εγκυμοσύνη

ulfa

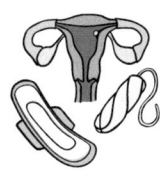

περίοδος

laguu ji'aa

γυναικείος κόλπος

buqushaa

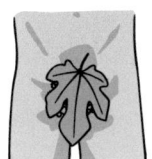

πέος

tuffee

φρύδι

laboobbaa ijaa

μαλλιά

rifeensa

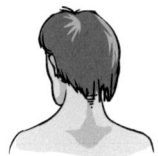

λαιμός

morma

νοσοκομείο
hospitaala

νοσοκομείο
hospitaala

ασθενοφόρο
ambulaansii

αναπηρικό καροτσάκι
wiilchaariis

κάταγμα
caba

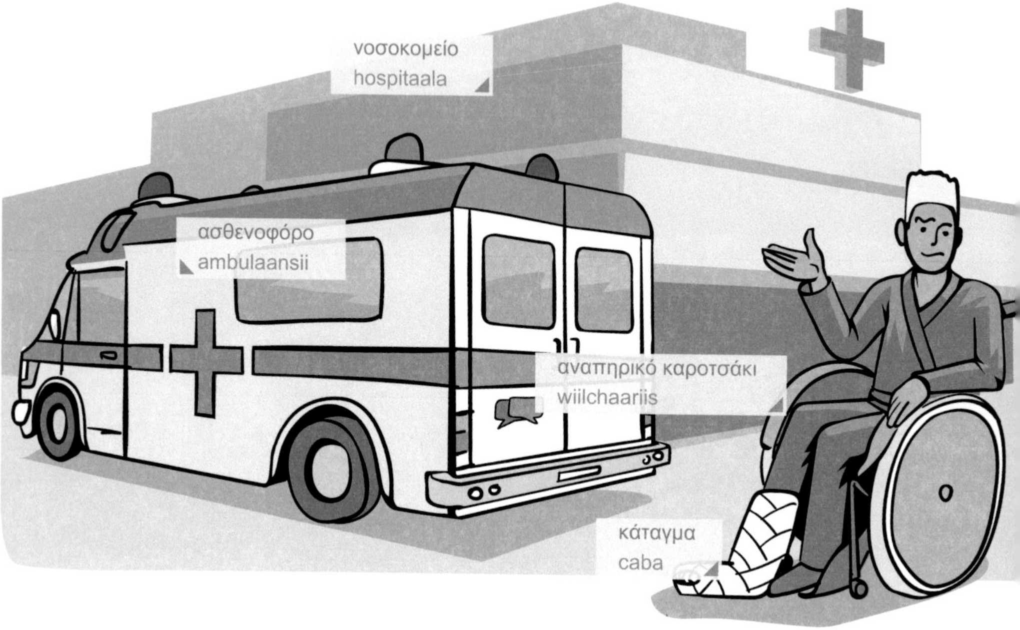

γιατρός
doktora

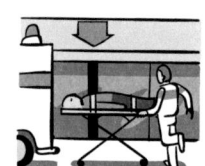

μονάδα εντατικής θεραπείας
kutaa hatattamaa

νοσοκόμα
narsii

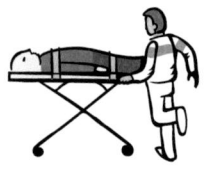

έκτακτη ανάγκη
hatattama

λιπόθυμος
kan hin dammaqin

πόνος
dhukkubbii

72   νοσοκομείο - hospitaala

τραύμα

miidhhaa

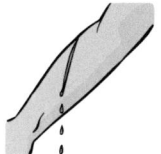

αιμορραγία

dhiiguu

έμφραγμα

dhukkuba onnee

εγκεφαλικό

baay'ina dhiigaa

αλλεργία

hooqxoo

βήχας

qufaa

πυρετός

oo'aa qaamaa

γρίπη

qufaa

διάρροια

baasaa

πονοκέφαλος

bowoo mataa

καρκίνος

kaansarii

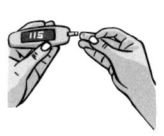

διαβήτης

dhibee sukkaaraa

χειρουργός

baqaqsanii hodhuu

νυστέρι

halbee

εγχείρηση

hojii

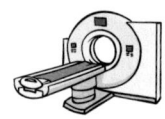

αξονική τομογραφία

CT

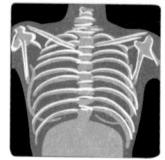

ακτινογραφία

raajii

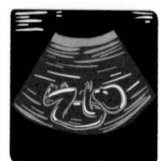

υπέρηχος

aaltraasaawandii

μάσκα

haguuggii fuuiaa

ασθένεια

dhukkuba

αίθουσα αναμονής

kutaa haar galfii

πατερίτσα

hirkannaa

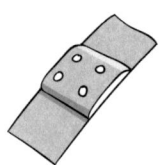

χάνσαπλαστ

pilaastara

επίδεσμος

baandeejii

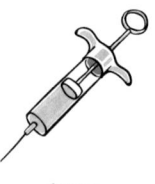

ένεση

limmoo waraanuu

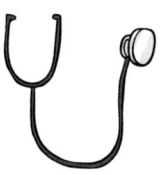

στηθοσκόπιο

isteetskooppi

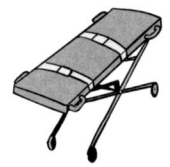

φορείο

siree dhukkubsataa

θερμόμετρο

termoo meetira klinikaa

γέννηση

dhaloota

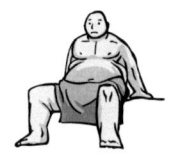

υπέρβαρο

ulfaatinaa ol

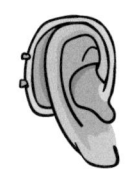

ακουστικό βαρηκοΐας

gargaaraa dhageettii

αντισηπτικό

qoricha aramaa

λοίμωξη

miidhama keessaa

ιός

vaayirasa

HIV/AIDS

ECH AAIVII / EEDSII

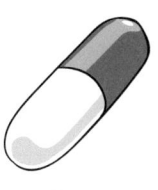

φάρμακο

qoricha

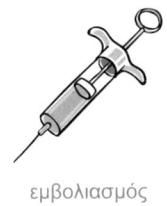

εμβολιασμός

talaallii

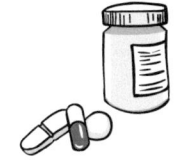

δισκία

kiniinii

χάπι

kiniinii

κλήση έκτακτης ανάγκης

waamicha hatattamaa

πιεσόμετρο αίματος

too'attuu dhiibbaa dhiigaa

άρρωστος / υγιής

dhukkuba / fayyaa

Βοήθεια!

gargaarsa!

συναγερμός

alaarmiis

βιαιοπραγία

weerara

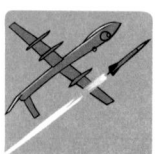

επίθεση

miidhuu

κίνδυνος

suukaneessaa

έξοδος κινδύνου

baha hatattamaa

Φωτιά!

abidda

πυροσβεστήρας

abidda dhaamisituu

ατύχημα

balaa

κουτί πρώτων βοηθειών

saanduqa gargaasa calqabaa

SOS

Sii'oosii

αστυνομία

foolisii

Ευρώπη

awurooppaa

Βόρεια Αμερική

ameerikaa kabaa

Νότια Αμερική

ameerikaa kibbaa

Αφρική

afrikaa

Ασία

eesiyaa

Αυστραλία

awustraaliyaa

Ατλαντικός Ωκεανός

atilaantik

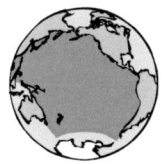

Ειρηνικός Ωκεανός

paasfiik

Ινδικός Ωκεανός

galaana hindii

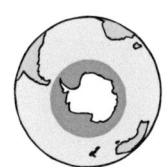

Ανταρκτικός Ωκεανός

galaana antaartikaa

Αρκτικός Ωκεανός

galaana arkitiik

Βόρειος Πόλος

polii kaabaa

Νότιος Πόλος

polii kibbaa

Ανταρκτική

antaartikaa

Γη

dachee

γη

dachee

θάλασσα

garba

νησί

odola

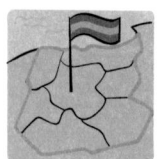

έθνος

lammii

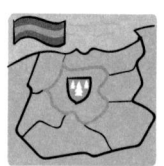

πολιτεία

kutt biyyaa

καντράν ρολογιού

clock face

ωροδείκτης

sa'aatii kana

λεπτοδείκτης

daqiiqaa kana

δείκτης δευτερολέπτων

moofaa

Τι ώρα είναι;

yeroon meeqa ta'ee?

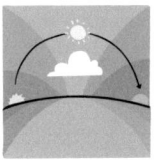

ημέρα

guyyaa

χρόνος

yeroo

τώρα

amma

ψηφιακό ρολόι

sa'aatii diiskoo

λεπτό

daqiiqaa

ώρα

sa'aatii

εβδομάδα
torbee

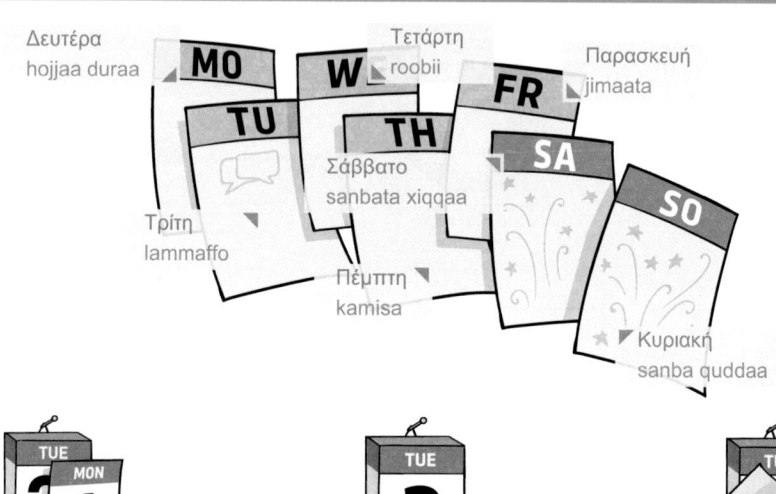

Δευτέρα
hojjaa duraa

Τετάρτη
roobii

Παρασκευή
jimaata

Τρίτη
lammaffo

Σάββατο
sanbata xiqqaa

Πέμπτη
kamisa

Κυριακή
sanba quddaa

χθες

kaleessa

σήμερα

har'a

αύριο

boru

πρωί

ganama

μεσημέρι

guyyaa qixxee

βράδυ

galgala

MO	TU	WE	TH	FR	SA	SU
1	2	3	4	5	6	7
8	9	10	11	12	13	14
15	16	17	18	19	20	21
22	23	24	25	26	27	28
29	30	31	1	2	3	4

εργάσιμες ημέρες

guyyaa hojii

MO	TU	WE	TH	FR	SA	SU
1	2	3	4	5	6	7
8	9	10	11	12	13	14
15	16	17	18	19	20	21
22	23	24	25	26	27	28
29	30	31	1	2	3	4

Σαββατοκύριακο

dhuma forbee

βροχή
rooba

ουράνιο τόξο
sabbata waaqqaa

χιόνι
cabbii

άνεμος
bubbee

άνοιξη
birraa

φθινόπωρο
arfaasaa

καλοκαίρι
bona

χειμώνας
ganna

4.APRIL	11°	☀
5.APRIL	4°	⛅
6.APRIL	13°	⛅
7.APRIL	8°	☀
8.APRIL	10°	☀

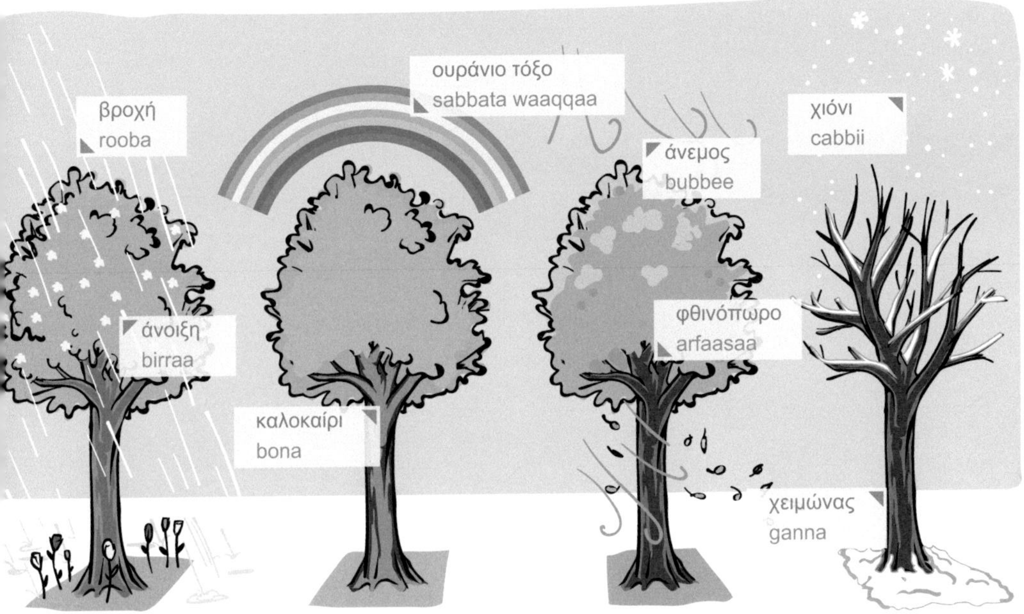

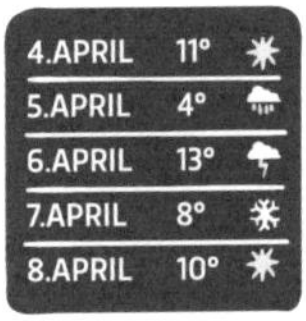

πρόγνωση καιρού

raaga haala qileensaa

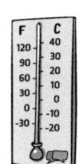

θερμόμετρο

teermoomeetirii

λιακάδα

baha aduu

σύννεφο

duumessa

ομίχλη

hurii

υγρασία

jiidha

αστραπή

bakakkaa

κεραυνός

balaqqee

καταιγίδα

dirrisa

χαλάζι

cabbii

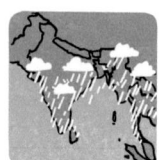

μουσώνας

monsoon

πλημμύρα

lolaa

πάγος

cabbie

Ιανουάριος

Amajjii

Φεβρουάριος

Gurraandhala

Μάρτιος

Bitootessa

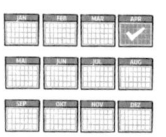

Απρίλιος

Eebila

Μάιος

Caamsaa

Ιούνιος

Waxabajji

Ιούλιος

Adooleessa

Αύγουστος

Hagayya

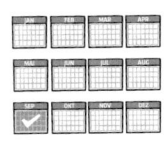

Σεπτέμβριος

Fulbaana

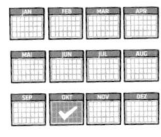

Οκτώβριος

Onkololeessa

Νοέμβριος

Sadaasa

Δεκέμβριος

Muddee

σχήματα
boca

κύκλος

geengoo

τετράγωνο

isqeerii

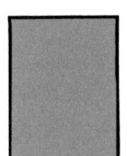

ορθογώνιο
παραλληλόγραμμο
rog arfee

τρίγωνο

rg sadee

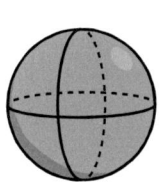

σφαίρα

molaalee

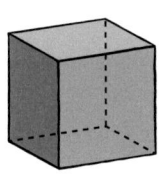

κύβος

kuubii

άσπρο

adii

κίτρινο

boora

πορτοκαλί

keelloo

ροζ

boorilee

κόκκινο

diimaa

μωβ

bunnii

μπλε

cuqliisa

πράσινο

magariisa

καφέ

magaala

γκρι

bulee

μαύρο

gurraacha

πολύ / λίγο

baay'ee / xiqqoo

θυμωμένος / ήρεμος

aara / gammachuu

όμορφος / άσχημος

bareeda / fokkuu

αρχή / τέλος

calqaba / xumuura

μεγάλος / μικρός

guddaa / xiqqaa

φωτεινός / σκοτεινός

ifa / dukkana

αδελφός / αδελφή

obboleessa / obboleettii

καθαρός / λερωμένος

qulqulluu / xurii

πλήρης / ατελής

xumuuramaa / kan hin xumuuramin

ημέρα / νύχτα

guyyaa / halkan

νεκρός / ζωντανός

du'aa / jiraa

φαρδύς / στενός

bal'aa / dhiphaa

βρώσιμος / μη βρώσιμος

kan nyaatamu / kan hin nyaatamne

κακός / ευγενικός

badd / gaarii

ενθουσιασμένος / βαριεστημένος

gammachuu / ifannaa

παχύς / λεπτός

furdaa / qal'aa

πρώτος / τελευταίος

calqaba / dhuma

φίλος / εχθρός

michuu / diina

γεμάτος / άδειος

guutuu / duwwaa

σκληρός / μαλακός

sakoruu / lalllaafaa

βαρύς / ελαφρύς

ulfaataa / salphaa

πείνα / δίψα

beeluu / dheebuu

άρρωστος / υγιής

dhukkuba / fayyaa

παράνομος / νόμιμος

seer malee / seera qabeessa

έξυπνος / χαζός

gaanfuree / dabeessa

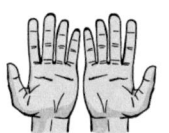

αριστερός / δεξιός

bitaa / mirga

κοντινός / μακρινός

maddii / fagoo

καινούριος /
μεταχειρισμένος

haara'a / moofaa

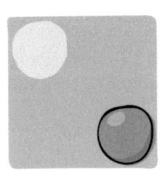

τίποτα / κάτι

homma / waan tokko

γέρος | νέος

jaarsa / dargaggeessa

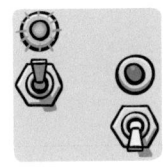

αναμμένος / σβηστός

ibsuu / dhaamsuu

ανοιχτός / κλειστός

banuu / cufuu

χαμηλόφωνος /
μεγαλόφωνος
callisuu / sagalee olkaasuu

πλούσιος / φτωχός

sooressa / hiyyeessa

σωστός / λανθασμένος

sirrii / dogongora

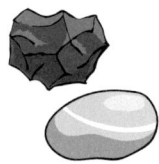

τραχύς / λείος

sokorruu / lallaafaa

λυπημένος / χαρούμενος

aara / gammachuu

κοντός / μακρύς

dheeraa / gabaabaa

αργός / γρήγορος

qususaa / collee

υγρός / στεγνός

jiidhaa / goggogaa

ζεστός / δροσερός

oo'aa / qorraa

πόλεμος / ειρήνη

lola / nagaa

αντίθετα - masaanuu

0	**1**	**2**
μηδέν	ένα	δύο
duwwaa	tokko	lama

3	**4**	**5**
τρία	τέσσερα	πέντε
sadis	afur	shan

6	**7**	**8**
έξι	εφτά	οκτώ
jaha	torba	saddeet

9	**10**	**11**
εννιά	δέκα	έντεκα
sagal	kudhan	kudha tokko

12	**13**	**14**
δώδεκα	δεκατρία	δεκατέσσερα
kudha lama	kudha sadi	kudha afur

15	**16**	**17**
δεκαπέντε	δεκαέξι	δεκαεφτά
kudha shan	kudha jaha	kudha torba

18	**19**	**20**
δεκαοκτώ	δεκαεννέα	είκοσι
kudha saddeet	kudha sagal	diigdama

100	**1.000**	**1.000.000**
εκατό	χίλια	εκατομμύριο
dhibba	kuma	maliyoona

Αγγλικά

Ingiliffa

Αμερικάνικα Αγγλικά

Ingiliffa Ameerikaa

Μανδαρίνικα Κινέζικα

Mandarinii chaayinaa

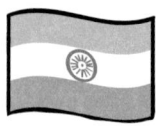

Χίντι

Afaan Hindii

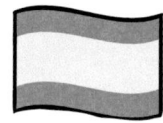

Ισπανικά

Afaan Speen

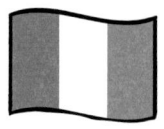

Γαλλικά

Afaan Faransaay

Αραβικά

Afaan Arabaa

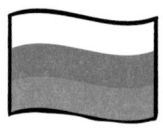

Ρώσικα

Afaan Raashaa

Πορτογαλικά

Afaan Poortugaal

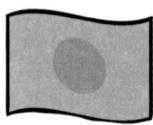

Μπενγκάλι

Afaan Beengaal

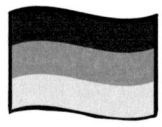

Γερμανικά

Afaan Jarman

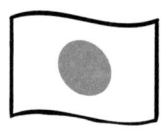

Ιαπωνικά

Afaan Jaappaan

εγώ
ana

εσύ
si

αυτός / αυτή / αυτό
isa / ishii / isa / wantootaf

εμείς
nu'ii

εσείς
isin

αυτοί / αυτές / αυτά
isan

ποιος / ποια / ποιο;
eenyuu?

τι;
maal?

πώς;
akkamitti

πού;
eessa?

πότε;
hoom?

όνομα
maqaa

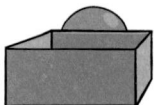

πίσω

duuba

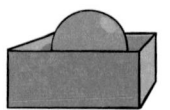

μέσα

keessa

μπροστά

fuldura

πάνω από

irra

πάνω

gubbaa

κάτω

jala

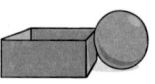

δίπλα

maddii

ανάμεσα

gidduu

μέρος

bakkee